Paleo Pre Začiatočníkov

Objavte pravé tajomstvá predhistorických chutí a moderného zdravého životného štýlu

Tomáš Lukáč

INDEX

Sušené škótske vajcia s čerešňou a šalviou ... 10
Karfiolové steaky a vajcia ... 12
Frittata z morky, špenátu a špargle ... 14
Tuniská praženica s pečenou paprikou a harissou ... 16
Shakshuka vajcia ... 17
Pečené vajcia s lososom a špenátom ... 19
Vaječná polievka s jarnou cibuľkou, šampiňónmi a bok choy ... 20
Perzská sladká omeleta ... 23
Krevety a krab Chawanmushi ... 25
Kuracia klobása Hash ... 28
Rozmarínové a hruškové raňajkové klobásy ... 30
Panvica na strúhané mäso na kubánsky spôsob ... 32
French Poulet Panvica ... 34
Pstruh so sladkými zemiakmi ... 36
Lososové empanády s mangovou tomatillo salsou, strateným vajcom a cuketovými stužkami ... 38
Jablkové a ľanové zdviháky ... 42
Paleo Orange Ginger Granola ... 44
Kastról z broskýň a bobúľ s kokosovým chrumkaním a praženými mandľami ... 46
Jahodovo-mangové energetické smoothies ... 48
datľové smoothie ... 49
Chorizo Plnené Jalapenos ... 51
Pečená repa s pomarančovým pekanovým polievkou ... 53
Karfiolové poháre s bylinkovým pestom a jahňacinou ... 56
Špenátový artičokový dip ... 59
Ázijské mäsové guľky s badiánovou omáčkou ... 61
diabolské vajíčka ... 64
Pečený baklažán a rožky Romesco ... 66
Mäsovo-zeleninové zábaly ... 68
Hrebenatka a avokádo čakanky ... 70
Bylinkové čipsy z hlivy ustricovej s citrónovým aioli ... 72
mrkvové hranolky ... 74

Zelené horčicové lupienky so sezamovými kúskami 76

Pečené pikantné nugetky 77

Bylinkové orechy a chipotle 78

Pečená červená paprika "Hummus" so zeleninou 81

Ibištekový zázvorový ľadový čaj 83

Jahodový melón Mint Agua Fresca 84

Agua Fresca Vodný melón a čučoriedky 85

Uhorka sladká voda 86

kokosový chai 87

Pomaly pečená sviečková 89

Vzácny mäsový šalát na vietnamský spôsob 91

Hovädzie mäso 91

Šalát 91

Dusené mexické prsia s mangom, jicamou, čili a šalátom z pečenej tekvice 93

Sukňa 93

Šalát 93

Rímsky šalát wraps s strúhaným hovädzím hrudníkom a čerstvým červeným čili harissou 95

Sukňa 95

Harissa 95

Vyprážané okrúhle oko na bylinkovej kruste s roztlačenou koreňovou zeleninou a chlebovou omáčkou 97

opekačka 97

chlebová omáčka 97

Hovädzia zeleninová polievka s pečeným pestom z červenej papriky 101

Pomaly varený sladký a slaný hovädzí guláš 104

Grilovaný flank steak s ružičkovým kelom a čerešňami 106

Ázijská steaková polievka 108

Restovaný flank steak so sezamovou ryžou a karfiolom 110

Plnený Flank Steak s omáčkou Chimichurri 112

Grilované flank steakové špízy s chrenovou majonézou 115

Na víne dusené hovädzie steaky s hubami 118

Steaky zo sviečkovice s avokádom a chrenovou omáčkou 120

Steak 120

Dip 120

Steaky zo sviečkovice marinované s citrónovou trávou 122

Balsamico-dijonská sviečkovica s cesnakovým špenátom 124

Steak 124

Špenát 124

Údené detské rebierka s jablkovo-horčicovou mopovou omáčkou 127

Rebrá 127

Dip   127

BBQ vidiecke bravčové rebrá s čerstvým ananásovým šalátom 130

Pikantný bravčový guláš 132

Guláš 132

Kapustnica 132

Talianske mäsové guľky marinara s plátkami feniklu a restovanou cibuľkou 134

halušky 134

Marinara 134

Cuketové lodičky plnené bravčovým mäsom s bazalkou a píniovými oriešakmi .. 137

Ananásové kari bravčové "rezancové" misky s kokosovým mliekom a bylinkami 139

Pikantné grilované bravčové karbonátky s pikantným uhorkovým šalátom 141

Cuketová krustová pizza s pestom zo sušených paradajok, paprikou a talianskou klobásou 143

Citrónové koriandrové údené jahňacie stehno s pečenou špargľou 146

hrniec jahňacieho 148

Jahňací guláš so zelerom a mrkvovými rezancami 151

Francúzske jahňacie kotlety s granátovým jablkom a datľovým chutney 153

Čatní 153

Jahňacie kotletky 153

Chimichurri jahňacie kotlety s ochuteným čakankovým šalátom 155

Sardelovo-šalviové trené jahňacie kotlety s mrkvovo-batátovou remuládou 157

Jahňacie kotlety so šalotkou, mätou a oreganom 159

Jahňacie 159

Šalát 159

Jahňacie hamburgery plnené zo záhrady s coulis z červenej papriky 161

Červená paprika Coulis 161

Občania 161

Dvojité jahňacie špízy s oreganom a Tzatziki omáčkou 165

jahňacie špízy 165

tzatziki omáčka 165
Pečené kura so šafránom a citrónom 167
Vyprážané kuracie mäso s jicama šalátom 169
Kura 169
Kapustový šalát 169
Pečené kuracie zadné s vodkou, mrkvou a kečupom 172
Poulet Rôti a kalerábové zemiaky 174
Trojitý hubový coq au vin s rutabaga pyré s pažítkou 176
Glazované stehná s broskyňovou brandy 179
Glazúra broskyňového brandy 179
Chilli marinované kura s melónom a mangovým šalátom 181
Kura 181
Šalát 181
Kuracie stehná v štýle Tandoori s uhorkou Raita 184
Kura 184
Uhorka Raita 184
Dusené kuracie kari s koreňovou zeleninou, špargľou a mätou zo zeleného jablka
.... 186
Šalát z pečeného kura Paillard s malinami, cviklou a praženými mandľami 188
Kuracie prsia plnené brokolicou a Rabe s omáčkou z čerstvých paradajok a Caesar šalátom 191
Grilované kuracie shawarma wrapy s pikantnou zeleninou a omáčkou z píniových orieškov 194
Pečené kuracie prsia so šampiňónmi, cesnakom mletým karfiolom a pečenou špargľou 196
Slepačia polievka v thajskom štýle 198
Pečené kura s citrónom a šalviou s escarole 200
Kuracie mäso s pažítkou, žeruchou a reďkovkami 203
Kuracie Tikka Masala 205
Ras el Hanout kuracie stehná 208
Marinované kuracie stehná s karambolou na dusenom špenáte 211
Kuracie Poblano Tacos s kapustou a Chipotle Mayo 213
Kurací guláš s baby mrkvou a Bok Choy 215
Kuracie resty s kešu, pomarančom a sladkou paprikou v šalátových obaloch 217
Vietnamské kura s kokosom a citrónovou trávou 219

SUŠENÉ ŠKÓTSKE VAJCIA S ČEREŠŇOU A ŠALVIOU

PRÍPRAVA: 20 minút pečenie: 35 minút príprava: 4 porcie

TOTO KLASICKÉ BRITSKÉ KRČMOVÉ OBČERSTVENIE V PREKLADE PERFEKTNÉ PALEO RAŇAJKY. AK SI VAJÍČKA UVARENÉ NATVRDO PRIPRAVÍTE VOPRED, TENTO RECEPT VYJDE VEĽMI RÝCHLO A ĽAHŠIE SA AJ OŠÚPU. UCHOVÁVANIE MISKY NATVRDO UVARENÝCH VAJEC V CHLADNIČKE JE SKVELÝ NÁPAD NA RÝCHLE RAŇAJKY A OBČERSTVENIE.

1 libra chudého mletého bravčového mäsa
½ šálky nakrájaných sušených čerešní bez pridania cukru
2 lyžice nasekanej čerstvej šalvie
1 lyžica nasekanej čerstvej majoránky
1 lyžička čerstvo mletého čierneho korenia
¼ lyžičky čerstvo mletého muškátového orieška
⅛ lyžičky mletých klinčekov
4 veľké vajcia uvarené natvrdo, vychladené a olúpané*
½ šálky mandľovej múky
1 lyžička sušenej šalvie, rozdrvená
½ lyžičky sušeného majoránu, drveného
2 polievkové lyžice extra panenského olivového oleja
Dijonská horčica (pozri recept)

1. Predhrejte rúru na 375 °F. Plech vyložte pergamenovým papierom alebo hliníkovou fóliou; odložiť. Vo veľkej miske zmiešajte bravčové mäso, čerešne, čerstvú šalviu, čerstvú majoránku, korenie, muškátový oriešok a klinčeky.

2. Bravčovú zmes vytvarujte do štyroch rovnakých placiek. Na každý burger položte vajíčko. Okolo každého vajíčka vytvarujte placku. V plytkej miske alebo koláčovom tanieri zmiešajte

mandľovú múku, sušenú šalviu a sušený majorán. Každé vajce pokryté klobásou rozvaľkáme v zmesi mandľovej múky, aby sa obalilo. Poukladáme na pripravený plech. Pokvapkáme olivovým olejom.

3. Pečte 35 až 40 minút alebo kým sa klobása neuvarí. Podávame s horčicou v dijonskom štýle.

*Tip: Ak chcete uvariť vajcia natvrdo, vložte vajcia v jednej vrstve do veľkého hrnca. Zakryte 1 až 2 palcami vody. Priviesť do varu. Nechajte variť 1 minútu. Chráňte pred teplom. Prikryte a nechajte stáť 12 až 15 minút.

KARFIOLOVÉ STEAKY A VAJCIA

PRÍPRAVA: 20 minút varenie: 25 minút príprava: 4 porcie

NAKRÁJAJTE HRUBÉ PLÁTKYHLÁVKOU KARFIOLU, ABY SA VYTVORILI VÝDATNÉ „STEAKY", KTORÉ SA POTOM OPEČÚ NA PANVICI NA OLIVOVOM OLEJI DO ZLATOHNEDA A DOCHRUMKAVA, POSYPÚ STRATENÝM VAJCOM A PODÁVAJÚ SA NA LÔŽKU S KAPUSTOU RESTOVANOU NA CESNAKU.

- 1 hlávka karfiolu, bez listov
- 1½ lyžičky údeného korenia (pozri_recept_)
- 5 polievkových lyžíc extra panenského olivového oleja
- 4 veľké vajcia
- 1 lyžica bieleho octu resp
- 2 veľké strúčiky cesnaku, jemne nasekané
- 4 šálky nasekaného kelu

1. Koniec stonky karfiolu položte na reznú dosku. Pomocou veľkého ostrého noža nakrájajte karfiol na štyri ½-palcové steaky od stredu karfiolu, pričom odrežte koniec stonky (niektoré ružičky sa môžu odlomiť, odložte si ich na iné použitie).

2. Steaky ochutíme z oboch strán 1 lyžičkou Smoky Korenia. Zahrejte 2 polievkové lyžice olivového oleja na stredne vysokej teplote v extra veľkej panvici. Pridajte 2 karfiolové filety. Varte 4 minúty z každej strany alebo do zlatista a mäkka. Vyberte z panvice a zľahka prikryte hliníkovou fóliou. Udržujte teplé v rúre na 200 ° F. Opakujte so zvyšnými 2 filetami, použite ďalšie 2 polievkové lyžice olivového oleja.

3. Ak chcete vajcia pošírovať, naplňte samostatnú panvicu asi 3 palcami vody. Pridajte ocot a priveďte do varu. Vajcia

rozklepnite, jedno po druhom, do malej misky alebo formy a jemne vsuňte do vriacej vody. Vajcia nechajte variť 30 až 45 sekúnd alebo kým bielka nezačnú tuhnúť. Zahas oheň. Prikryjeme a dusíme 3 až 5 minút, podľa toho, aké mäkké žĺtky máte radi.

4. Medzitým v tej istej panvici zohrejte zvyšnú lyžicu olivového oleja. Pridajte cesnak a varte 30 sekúnd až 1 minútu. Pridajte kel a varte a miešajte 1 až 2 minúty alebo do zmäknutia.

5. Na servírovanie rozdeľte kel na štyri taniere. Navrch dajte karfiolový steak a stratené vajíčko. Vajcia posypte zvyšnou ½ lyžičky údeného korenia a ihneď podávajte.

FRITTATA Z MORKY, ŠPENÁTU A ŠPARGLE

PRÍPRAVA:20 minút na grilovanie: 3 minúty na prípravu: 2 až 3 porcie

TÁTO KRÁSNA FRITTATA POSIATA ZELEŇOUVEĽMI RÝCHLO SA TO SPOJÍ A JE TO SKVELÝ SPÔSOB, AKO ZAČAŤ DEŇ, ALEBO HO UKONČIŤ. SKVELE SA HODÍ NA RÝCHLU VEČERU, KEĎ NEMÁTE ČAS NA PRÍPRAVU ZLOŽITEJŠIEHO JEDLA. LIATINOVÁ PANVICA NIE JE POTREBNÁ, ALE VÝSLEDKY VÁM POSKYTNÚ VEĽMI DOBRÉ.

- 2 polievkové lyžice extra panenského olivového oleja
- 1 strúčik cesnaku, jemne nasekaný
- 4 unce mletých morčacích pŕs
- ¼ až ½ lyžičky čierneho korenia
- ½ šálky ½ palca dlhej čerstvej špargle
- 1 šálka nasekaných lístkov čerstvého baby špenátu
- 4 veľké vajcia
- 1 polievková lyžica vody
- 2 lyžičky nasekaného čerstvého kôpru
- 1 lyžica nasekanej čerstvej petržlenovej vňate

1. Predhrejte brojler s roštom umiestneným 4 palce od vykurovacieho telesa.

2. Zahrejte 1 polievkovú lyžicu olivového oleja na strednom ohni v stredne odolnom hrnci. Pridajte cesnak; varíme a miešame do zlatista. Pridajte mletú morku; posypať korením. Varte a miešajte 3 až 4 minúty alebo kým mäso nezhnedne a neprevarí sa, pričom miešajte drevenou lyžicou, aby sa mäso rozbilo. Preneste varenú morku do misky; odložiť.

3. Vráťte panvicu na sporák; Nalejte zvyšnú lyžicu olivového oleja do panvice. Pridajte špargľu; varíme a miešame na stredne vysokom ohni do hladka. Pridajte uvarenú morku a špenát. Varte 1 minútu.

4. Vajcia rozšľaháme s vodou a kôprom v strednej miske. Nalejte vaječnú zmes na morčaciu zmes na panvici. Varte a miešajte 1 minútu. Presuňte plech do rúry a smažte 3 až 4 minúty, alebo kým vajcia nestuhnú a vrch nie je zlatohnedý. Posypeme nasekanou petržlenovou vňaťou.

TUNISKÁ PRAŽENICA S PEČENOU PAPRIKOU A HARISSOU

PRÍPRAVA:30 minút grilovanie: 8 minút odpočinok: 5 minút varenie: 5 minút príprava: 4 porcie

- 1 malá červená paprika
- 1 malá žltá paprika
- 1 malé poblano čili (viď stopa)
- 1 lyžica extra panenského olivového oleja
- 6 veľkých vajec
- ¼ lyžičky mletej škorice
- ½ lyžičky mletého kmínu
- ⅓ šálky zlatých hrozienok
- ⅓ šálky nasekanej čerstvej petržlenovej vňate
- 1 polievková lyžica Harissa (pozri recept)

1. Predhrejte brojler s rúrou umiestnenou 3 až 4 palce od tepla. Papriku rozrežte pozdĺžne na polovicu; odstráňte stonky a semená. Polovičky papriky položte rezmi nadol na plech vystlaný alobalom. Smažte 8 minút alebo kým šupka papriky nie je čierna. Papriky zabaľte do hliníkovej fólie. Nechajte 5 minút vychladnúť. Rozbaľte papriky; použite ostrý nôž na odstránenie čiernej šupky. Papriku nakrájajte na tenké prúžky; odložiť.

2. Zmiešajte vajcia, škoricu a rascu vo veľkej mise. Šľaháme do peny. Pridajte pásiky papriky, hrozienka, petržlenovú vňať a Harissu.

3. Vo veľkej panvici zohrejte olivový olej na strednom ohni. Pridajte vaječnú zmes na panvicu. Varte asi 5 až 7 minút alebo kým vajcia nestuhnú, ale sú stále vlhké a lesklé, za častého miešania. Ihneď podávajte.

SHAKSHUKA VAJCIA

ZAČNITE DO KONCA: 35 minút vyrobí: 4 až 6 porcií

- ¼ šálky extra panenského olivového oleja
- 1 veľká cibuľa, rozpolená a nakrájaná na tenké plátky
- 1 veľká červená paprika, nakrájaná na tenké plátky
- 1 veľká oranžová paprika, nakrájaná na tenké plátky
- 1 lyžička mletého kmínu
- ½ lyžičky údenej papriky
- ½ lyžičky drveného kajenského korenia
- 4 strúčiky cesnaku, jemne nasekané
- 2 14,5-uncové konzervy organické nesolené na ohni pečené paradajky nakrájané na kocky
- 6 veľkých vajec
- čerstvo mleté čierne korenie
- ¼ šálky nasekaného čerstvého koriandra
- ¼ šálky strúhanej čerstvej bazalky

1. Predhrejte rúru na 400 °F. Olej zohrejte na strednom ohni vo veľkej panvici vhodnej do rúry. Pridajte cibuľu a papriku. Varte a miešajte 4 až 5 minút alebo kým zelenina nezmäkne. Pridajte rascu, papriku, drvenú červenú papriku a cesnak; varíme a miešame 2 minúty.

2. Pridajte paradajky. Priviesť do varu; znížiť teplo. Dusíme odkryté asi 10 minút alebo do zhustnutia.

3. Rozbite vajcia na panvici nad paradajkovou zmesou. Presuňte panvicu do predhriatej rúry. Pečte odokryté 7 až 10 minút alebo kým vajcia nestuhnú (žĺtky by mali byť stále tekuté).

4. Posypeme čiernym korením. Ozdobte koriandrom a bazalkou; ihneď podávajte.

PEČENÉ VAJCIA S LOSOSOM A ŠPENÁTOM

PRÍPRAVA: 20 minút pečenie: 15 minút príprava: 4 porcie

1 lyžica extra panenského olivového oleja
1 lyžica lístkov čerstvého tymiánu
čerstvo nastrúhaný muškátový oriešok
10 uncí listov baby špenátu (6 balených šálok)
2 polievkové lyžice vody
8 uncí grilovaného alebo grilovaného lososa
1 lyžička jemne nastrúhanej citrónovej kôry
½ lyžičky údeného korenia (pozri_recept_)
8 veľkých vajec

1. Predhrejte rúru na 375 °F. Vnútro štyroch 6- až 8-uncových ramekinov potrite olivovým olejom. Listy tymiánu rovnomerne posypte medzi ramekiny; jemne posypeme čerstvo nastrúhaným muškátovým oriešokm. Odložte bokom.

2. V zakrytom strednom hrnci zmiešajte špenát a vodu. Priviesť do varu; Odstráňte z tepla. Špenát nadvihnite a otočte kliešťami, kým nezvädne. Vložte špenát do jemného sitka; pevne zatlačte, aby sa uvoľnila prebytočná tekutina. Špenát rozdeľte medzi pripravené ramekiny. Lososa rovnomerne rozdrobte medzi ramekiny. Lososa posypeme citrónovou kôrou a údeným korením. Do každej formy rozklepneme 2 vajíčka.

3. Naplnené rožky vložte do veľkej zapekacej misy. Do zapekacej misy nalejte horúcu vodu, až kým nedosiahne polovicu strán rožkov. Plech opatrne preložíme do rúry.

4. Pečte 15 až 18 minút alebo kým bielka nestuhnú. Ihneď podávajte.

VAJEČNÁ POLIEVKA S JARNOU CIBUĽKOU, ŠAMPIŇÓNMI A BOK CHOY

PRÍPRAVA: 30 minút oddych: 10 minút varenie: 5 minút príprava: 4 až 6 porcií

- 0,5 unce wakame sušenej na slnku
- 3 lyžice nerafinovaného kokosového oleja
- 2 šalotky nakrájané nadrobno
- 1 2-palcový kúsok čerstvého zázvoru, olúpaný a nakrájaný na veľmi tenké prúžky veľkosti zápalky
- 1 badián
- 1 libra shiitake húb, olúpaných a nakrájaných na plátky
- 1 čajová lyžička prášku z piatich korení
- ¼ lyžičky čierneho korenia
- 8 šálok vývaru z hovädzích kostí (viď recept) alebo hovädzí vývar bez pridania soli
- ¼ šálky čerstvej citrónovej šťavy
- 3 veľké vajcia
- 6 cibule, nakrájané na tenké plátky
- 2 hlavy baby bok choy, nakrájané na ¼ palca hrubé plátky

1. Zakryte wakame v strednej miske horúcou vodou. Nechajte odstáť 10 minút, alebo kým nie sú mäkké a poddajné. Dobre vypustite; dobre opláchnite a znova sceďte. Nakrájajte prúžky wakame na 1-palcové kúsky; odložiť.

2. Vo veľkom hrnci zohrejte kokosový olej na strednom ohni. Pridajte šalotku, zázvor a badián. Varte a miešajte asi 2 minúty alebo kým šalotka nebude priehľadná. Pridajte huby; varíme a miešame 2 minúty. Huby posypte práškom z piatich korení a

korením; varíme a miešame 1 minútu. Pridajte rezervované wakame, vývar z hovädzích kostí a citrónovú šťavu. Zmes priveďte do varu.

3. V malej miske rozšľaháme vajíčka. Do dusiacej sa omáčky nakvapkajte rozšľahané vajcia, pričom omáčku šľahajte do osmičky. Odstráňte polievku z ohňa. Pridajte cibuľu. Rozdeľte bok choy medzi veľké horúce misky. Podávajte polievku v miskách; ihneď podávajte.

PERZSKÁ SLADKÁ OMELETA

ZAČNITE DO KONCA: 30 minút vyrobí: 4 porcie

- 6 veľkých vajec
- ½ lyžičky mletej škorice
- ¼ lyžičky mletého kardamónu
- ¼ lyžičky mletého koriandra
- 1 lyžička nadrobno nasekanej pomarančovej kôry
- ½ čajovej lyžičky čistého vanilkového extraktu
- 1 lyžica rafinovaného kokosového oleja
- ⅔ šálky surových kešu orieškov, nahrubo nasekaných a opečených
- ⅔ šálky surových mandlí, nasekaných a opečených
- ⅔ šálky vykôstkovaných a nakrájaných datlí Medjool
- ½ šálky strúhaného surového kokosu

1. Vajcia, škoricu, kardamón, koriander, pomarančovú kôru a vanilkový extrakt vyšľaháme v strednej miske do peny; odložiť.

2. Kokosový olej zohrejte vo veľkej panvici na stredne vysokej teplote, až kým do stredu panvice nenatečie kvapka vody. Pridajte zmes vajec; znížiť teplo na stredné.

3. Vajíčka necháme uvariť, kým nezačnú sedieť na okrajoch panvice. Pomocou žiaruvzdornej špachtle jemne zatlačte jeden okraj vaječnej zmesi smerom k stredu panvice, pričom panvicu nakláňajte tak, aby mohla spodná vrstva tiecť zvyšná tekutá vaječná zmes. Opakujte postup okolo okrajov panvice, kým tekutina takmer nestuhne, ale vajcia sú stále vlhké a lesklé. Uvoľnite strany tortilly pomocou špachtle; jemne vysuňte tortillu z panvice a položte na servírovací tanier.

4. Na vrch tortilly posypte kešu oriešky, mandle, datle a kokos. Ihneď podávajte.

KREVETY A KRAB CHAWANMUSHI

PRÍPRAVA: 30 minút varenie: 30 minút chladenie: 30 minút príprava: 4 porcie

„CHAWANMUSHI" V DOSLOVNOM PREKLADE ZNAMENÁ „PARA ZO ŠÁLKY". ČO ODKAZUJE NA TO, AKO SA TENTO JAPONSKÝ VAJEČNÝ KRÉM TRADIČNE VARÍ: DUSENÝ V ŠÁLKE. KRÉMOVÉ A SLANÉ JEDLO MÔŽEME PODÁVAŤ TEPLÉ ALEBO STUDENÉ. TROCHU KULINÁRSKYCH DROBNOSTÍ: TOTO JE JEDNO Z MÁLA JAPONSKÝCH JEDÁL, KTORÉ SA JEDÁVA LYŽIČKOU.

- 2 unce čerstvých alebo mrazených kreviet, olúpaných, scedených a nasekaných
- 1½ unce čerstvého alebo mrazeného snehu alebo krabieho mäsa Dungeness*
- 2½ šálky vývaru z kuracích kostí (pozri recept), vývar z hovädzích kostí (pozri recept), alebo kurací alebo hovädzí vývar bez pridania soli, vychladený
- ⅔ šálky húb shiitake odstopkovaných a nasekaných
- 1 1-palcový kúsok čerstvého zázvoru, olúpaný a nakrájaný na tenké plátky
- ⅛ čajovej lyžičky nesoleného prášku z piatich korení
- 3 veľké vajcia, rozšľahané
- ⅓ šálky na kocky nakrájanej malej cukety
- 2 lyžice nasekaného čerstvého koriandra

1. Rozmrazte krevety a kraby, ak sú zmrazené. Opláchnite krevety a oškrabte; osušte papierovými utierkami. Odložte bokom. V malom hrnci priveďte do varu 1½ šálky vývaru, ⅓ šálky nasekaných húb shiitake, zázvor a prášok z piatich korení;

znížiť teplo. Jemne varte, kým sa nezníži na 1 šálku, asi 15 minút. Odstráňte panvicu z ohňa. Pridajte zvyšnú 1 šálku vývaru; necháme vychladnúť pri izbovej teplote, asi 20 minút.

2. Po úplnom vychladnutí omáčky vmiešajte vajcia, čo najmenej vzduchu. Zmes preceďte cez misku cez jemné sitko; tuhé látky zlikvidujte.

3. Rozdeľte krevety, kraby, cuketu, koriander a zvyšnú ⅓ šálky húb medzi štyri 8- až 10-uncové ramekiny alebo hrnčeky. Rozdeľte vaječnú zmes medzi lopatky a každú polovicu naplňte do troch štvrtín; odložiť.

4. Naplňte extra veľký hrniec 1½ palca vody. Prikryjeme a privedieme do varu. Znížte teplo na stredne nízke. Vložte štyri formy do hrnca. Opatrne nalejte toľko vody na varenie, aby siahala do polovice po stranách hrncov. Panvice voľne zakryte hliníkovou fóliou. Hrniec prikryte tesniacou pokrievkou a varte v pare asi 15 minút alebo kým zmes vajec nestuhne. Ak chcete vyskúšať, či je hotový, vložte špáradlo do stredu pudingu. Keď vyjde číra omáčka, je to. Opatrne odstráňte formy. Pred podávaním nechajte 10 minút vychladnúť. Podávajte teplé alebo studené.

Poznámka: Pred začatím receptu si nájdite extra veľký hrniec s pevne priliehajúcim vekom, ktorý udrží štyri nádoby alebo šálky vo zvislej polohe. Kým sú hrnčeky vložené, nájdite čistú 100% bavlnenú utierku alebo utierku, ktorá zakryje vrchnú časť hrnčekov bez upchania viečka.

*Tip: Na získanie 1½ unce krabieho mäsa budete potrebovať 4 unce kraba.

Tip: Huby a koreniny naplnia vývar chuťou v kroku 1. Pre rýchlejšiu verziu použite 2 šálky vývaru a začnite krokom 2, pričom vynechajte zázvor, prášok z piatich korení a ⅓ šálky shiitake. Vaječnú zmes nie je potrebné preosievať.

KURACIA KLOBÁSA HASH

PRÍPRAVA: 20 minút varenie: 15 minút príprava: 4 až 6 porcií

AJ KEĎ TENTO SLANÝ HASH JE DOKONALÝCHUTNÉ SAMO O SEBE, ČERSTVÉ VAJCIA ROZBIJETE NA ZÁREZY A NECHÁTE ICH UVARIŤ DO MIERNEHO TUHÉHO STAVU, ABY SA ŽĹTOK ZMIEŠAL S KAŠOU.

- 2 libry mletého kuracieho mäsa
- 1 lyžička sušeného tymiánu
- 1 lyžička sušenej šalvie
- ½ lyžičky sušeného rozmarínu
- ¼ lyžičky čierneho korenia
- 2 polievkové lyžice extra panenského olivového oleja
- 2 šálky nakrájanej cibule
- 1 lyžica mletého cesnaku
- 1 šálka nakrájanej zelenej papriky
- 1 šálka nakrájanej červenej alebo zlatej repy
- ½ šálky vývaru z kuracích kostí (pozri recept) alebo kurací vývar bez pridania soli

1. Vo veľkej mise zmiešajte mleté kuracie mäso, tymian, šalviu, rozmarín a čierne korenie a zmes premiešajte rukami, aby sa korenie rovnomerne rozložilo po celom mäse.

2. Zohrejte 1 polievkovú lyžicu oleja na stredne vysokej teplote v extra veľkej panvici. Pridajte kuracie mäso; varte asi 8 minút alebo kým jemne nezhnedne, pričom miešajte drevenou vareškou, aby sa mäso rozbilo. Pomocou dierovanej lyžice vyberte mäso z panvice; odložiť. Vypustite tuk z panvice. Panvicu utrite čistou papierovou utierkou.

3. Zohrejte zvyšnú lyžicu oleja v tej istej panvici na strednom ohni. Pridajte cibuľu a cesnak; varte asi 3 minúty alebo kým cibuľa nezmäkne. Pridajte papriku a strúhanú repu do cibuľovej zmesi; varte 4 až 5 minút, alebo kým zelenina nezmäkne, za občasného miešania. Pridajte odloženú kuraciu zmes a vývar z kuracích kostí. Prehrejte.

Tip: Ak si to želáte, ryhujte štyrikrát; rozbiť vajíčko na každom záreze. Prikryte a varte na strednom ohni, kým vajcia nedosiahnu požadovaný bod.

ROZMARÍNOVÉ A HRUŠKOVÉ RAŇAJKOVÉ KLOBÁSY

PRÍPRAVA:Varenie 20 minút: 8 minút na dávku Výťažok: 4 (2 hamburgery) porcie

NASEKANÁ HRUŠKA DÁVA TIETO CHUTNÉ KLOBÁSYNÁDYCH SLADKOSTI, KTORÝ SKVELE DOPĹŇA ÚDENÚ CHUŤ PAPRIKY. VYCHUTNAJTE SI ICH SAMOTNÉ ALEBO S VAJÍČKAMI.

- 1 libra mletého bravčového mäsa
- 1 stredne zrelá hruška (ako Bosc, Anjou alebo Bartlett), olúpaná, zbavená jadier a nakrájaná
- 2 lyžice nadrobno nasekanej pažítky
- 2 lyžičky nasekaného čerstvého rozmarínu
- 1 lyžička semien fenikla, drvené
- ½ lyžičky údenej papriky
- ¼ až ½ lyžičky čerstvo mletého čierneho korenia
- 2 strúčiky cesnaku, jemne nasekané
- 1 lyžica olivového oleja

1. V strednej miske zmiešajte mleté bravčové mäso, hrušku, cibuľovú cibuľku, rozmarín, feniklové semiačka, údenú papriku, kajenské korenie a cesnak. Prísady jemne premiešajte, kým sa dobre nespoja. Zmes rozdeľte na osem rovnakých častí. Vytvarujte osem placiek s hrúbkou ½ palca.

2. Olivový olej zohrejte v extra veľkej panvici na strednom ohni, kým nebude horúci. Pridajte polovicu empanád; varte 8 až 10 minút alebo kým nie sú pekne zhnednuté a uvarené, pričom v polovici otočte klobásy. Vyberte z panvice a položte na tanier vystlaný papierovými utierkami, aby odkvapkal; stan ľahko s

hliníkovou fóliou, aby sa udržal v teple, kým sa zostávajúce klobásy uvaria.

PANVICA NA STRÚHANÉ MÄSO NA KUBÁNSKY SPÔSOB

ZAČNITE DO KONCA: 30 minút vyrobí: 4 porcie

ZOSTATOK PRSNÍKA JE IDEÁLNE POUŽIŤV TOMTO RECEPTE. VYSKÚŠAJTE TO PO VYCHUTNANÍ SI MEXICKÉHO GULÁŠA S MANGOM, JICAMOU, ČILI A ŠALÁTOM Z PEČENÝCH TEKVICOVÝCH JADIEROK (POZRI RECEPT) ALEBO ZÁBALY Z RÍMSKEHO ŠALÁTU S STRÚHANÝM HOVÄDZÍM HRUDNÍKOM A ČERSTVÝM HARISSA ČERVENÝM ČILI (VIĎ. RECEPT) NA VEČERU.

- 1 zväzok kelu alebo 4 šálky jemne zabaleného surového špenátu
- 2 polievkové lyžice extra panenského olivového oleja
- ½ šálky nakrájanej cibule
- 2 stredne zelené papriky nakrájané na prúžky
- 2 čajové lyžičky sušeného oregana
- ½ lyžičky mletého kmínu
- ½ lyžičky mletého koriandra
- ½ lyžičky údenej papriky
- 3 strúčiky cesnaku nakrájané nadrobno
- 2 unce vareného strúhaného hovädzieho mäsa
- 1 lyžička nadrobno nasekanej pomarančovej kôry
- ⅓ šálky čerstvej pomarančovej šťavy
- 1 šálka rozpolených cherry paradajok
- 1 polievková lyžica čerstvej citrónovej šťavy
- 1 zrelé avokádo, zbavené kôstok, olúpané a nakrájané na plátky

1. Odstráňte a zlikvidujte hrubé stonky z klíčkov. Listy nakrájajte na kúsky veľkosti sústa; odložiť.

2. Na mimoriadne veľkej panvici zohrejte olivový olej na strednom ohni. Pridajte cibuľu a papriku; varte 3 až 5 minút alebo kým zelenina nezmäkne. Pridajte oregano, rascu, koriander, údenú papriku a cesnak; dobre premiešajte. Pridajte nasekané hovädzie mäso, pomarančovú kôru a pomarančový džús; premiešajte, aby sa spojili. Pridáme kel a paradajky. Varte prikryté 5 minút alebo kým sa paradajky nezačnú dusiť a zelenina nezmäkne. Pokvapkáme limetkovou šťavou. Podávame s nakrájaným avokádom.

FRENCH POULET PANVICA

PRÍPRAVA: 40 minút varenie: 10 minút odpočinok: 2 minúty
príprava: 4 až 6 porcií

VARENÉ KURA JE VHODNÉ MAŤ V CHLADNIČKE, ABY BOLI RAŇAJKY BOHATÉ NA BIELKOVINY OVEĽA RÝCHLEJŠIE NA PRÍPRAVU. ČI UŽ IDE O ZVYŠKY CITRÓNOVÉHO ŠAFRANU VYPRÁŽANÉ KURČA (VIĎ RECEPT) ALEBO LEN PEČENÉ KURA, KTORÉ ROBÍTE ŠPECIÁLNE NA POUŽITIE V TAKÝCHTO JEDLÁCH, JE SKVELÉ MAŤ HO PO RUKE.

- 1 0,5-uncový balíček sušených húb
- 8 uncí čerstvej špargle
- 2 polievkové lyžice olivového oleja
- 1 stredná feniklová vňať, zbavená semienok a nakrájaná na tenké plátky
- ⅔ šálka nakrájaného póru, len biele a svetlozelené časti
- 1 polievková lyžica provensálskych bylín
- 3 šálky na kocky nakrájaného vareného kuracieho mäsa
- 1 šálka nakrájaných a vykôstkovaných paradajok
- ¼ šálky vývaru z kuracích kostí (pozri recept) alebo kurací vývar bez pridania soli
- ¼ šálky suchého bieleho vína
- 2 čajové lyžičky jemne nasekanej citrónovej kôry
- 4 šálky nahrubo nasekaných červených alebo dúhových listov švajčiarskeho mangoldu
- ¼ šálky nasekanej čerstvej bazalky
- 2 lyžice nasekanej čerstvej mäty

1. Rehydratujte sušené huby podľa návodu na obale; odčerpať. Opláchnite a znova vypustite; odložiť.

2. Medzitým odrežeme a vyhodíme drevnaté základy špargle. V prípade potreby šupky zoškrabte. Špargľu nakrájajte na 2-palcové kúsky. Špargľu varte vo veľkej panvici vo vriacej vode 3 minúty alebo do chrumkava; odčerpať. Okamžite ponorte do ľadovej vody, aby ste zastavili varenie; odložiť.

3. Na mimoriadne veľkej panvici zohrejte olej na strednom ohni. Pridajte fenikel, pór a provensálske bylinky; varte 5 minút, alebo kým fenikel nezačne hnednúť, za občasného miešania. Pridajte rehydratované huby, špargľu, kuracie mäso, paradajky, vývar z kuracích kostí, víno a citrónovú kôru. Priviesť do varu. Prikryte a znížte teplo na minimum. Dusíme 5 minút alebo kým fenikel a špargľa nezmäknú a paradajky šťavnaté. Chráňte pred teplom. Pridajte Snybyt a nechajte odstáť 2 minúty alebo do zmäknutia. Posypeme bazalkou a mätou.

PSTRUH SO SLADKÝMI ZEMIAKMI

PRÍPRAVA: 35 minút pečenie: 6 minút varenie: 1 minúta na dávku zemiakov Výťažok: 4 porcie

AJ KEĎ STE NECHYTILI PSTRUHATOTO JEDLO ZASADENÉ DO HORSKÉHO POTOKA VO VÁS VYVOLÁ POCIT, AKOBY STE SI VYCHUTNÁVALI „RAŇAJKY NA PLÁŽI" PRI ROZPÁLENOM OHNI.

- 4 6-uncové čerstvé alebo mrazené filety zo pstruha bez kože, hrubé ¼ až ½ palca
- 1½ lyžičky údeného korenia (pozri recept)
- ¼ až ½ lyžičky čierneho korenia (voliteľné)
- 3 lyžice rafinovaného kokosového oleja
- 1½ libry bielych alebo žltých sladkých zemiakov, olúpaných
- Rafinovaný kokosový olej na praženie*
- nasekanú čerstvú petržlenovú vňať
- nakrájanú papriku

1. Predhrejte rúru na 400 °F. Ak je ryba zmrazená, rozmrazte ju. Opláchnite ryby; osušte papierovými utierkami. Steaky posypte Smoky Korením a ak chcete, posypte korením. Zohrejte 2 polievkové lyžice oleja na stredne vysokej teplote v extra veľkej panvici. Umiestnite filé na panvicu a varte odkryté 6 až 8 minút alebo kým sa ryba pri skúšaní vidličkou nezačne lúpať. Vyberte z rúry.

2. Medzitým pomocou škrabky na julienne alebo mandolíny s vykrajovačom na julienne nakrájajte sladké zemiaky pozdĺžne na dlhé tenké pásiky. Zemiakové pásiky zabaľte do papierových utierok s dvojitou hrúbkou a nasajte prebytočnú vodu.

3. Zahrejte 2 až 3 palce rafinovaného kokosového oleja na 365 ° F vo veľkom hrnci so stranami, ktoré sú vysoké aspoň 8 palcov. Do rozpáleného oleja opatrne pridávame zemiaky, asi po štvrtine. (Olej v hrnci stúpne.) Smažte 1 až 3 minúty na dávku alebo kým nezačne hnednúť, raz alebo dvakrát premiešajte. Zemiaky rýchlo vyberte dlhou štrbinovou lyžicou a nechajte ich osušiť na papierových utierkach. (Zemiaky sa môžu uvariť príliš rýchlo, preto ich kontrolujte včas a často.) Pred pridaním každej dávky zemiakov nezabudnite olej zohriať na 365 ° F.

4. Pstruha posypeme petržlenovou vňaťou a pažítkou; podávajte s malými županmi.

*Tip: Budete potrebovať dve až tri 29-uncové nádoby kokosového oleja, aby ste mali dostatok oleja na vyprážanie.

LOSOSOVÉ EMPANÁDY S MANGOVOU TOMATILLO SALSOU, STRATENÝM VAJCOM A CUKETOVÝMI STUŽKAMI

PRÍPRAVA: 25 minút Chladenie: 30 minút Varenie: 16 minút
Výťažok: 4 porcie

MOŽNO TO NIE SÚ RAŇAJKY. PRED ODCHODOM DO PRÁCE VO VŠEDNÝ DEŇ RÁNO, ALE JE TO ÚŽASNÝ A ABSOLÚTNE CHUTNÝ VÍKENDOVÝ BRUNCH PRE PRIATEĽOV ALEBO RODINU.

- 10 uncí vareného lososa*
- 2 bielka
- ½ šálky mandľovej múky
- ⅓ šálky strúhaných sladkých zemiakov
- 2 polievkové lyžice na tenké plátky nakrájanej ikry
- 2 lyžice nasekaného čerstvého koriandra
- 2 lyžice majonézy paleo chipotle (pozri recept)
- 1 polievková lyžica čerstvej citrónovej šťavy
- 1 lyžička mexického korenia (viď recept)
- Čierne korenie
- 4 polievkové lyžice olivového oleja
- 1 recept na cuketové stužky (viď recept, nižšie)
- 4 stratené vajcia (pozri recept na karfiolové steaky a vajcia)
- Tomatillo a Mango Salsa (pozri recept, nižšie)
- 1 zrelé avokádo, olúpané, zbavené kôstok a nakrájané na plátky

1. Na lososové hamburgery použite vidličku vo veľkej mise na vločkovanie uvareného lososa na malé kúsky. Pridajte vaječný bielok, mandľovú múku, sladké zemiaky, cibuľku, koriandr,

majonézu paleo chipotle, limetkovú šťavu, mexické korenie a korenie podľa chuti. Jemne premiešajte, aby sa spojili. Rozdeľte zmes na osem častí; každú porciu vytvarujte do placky. Placky položte na plech vystlaný papierom na pečenie. Pred grilovaním prikryte a dajte do chladničky aspoň na 30 minút. (Koláče môžu byť chladené 1 deň pred podávaním.)

2. Predhrejte rúru na 300°F. Zahrejte 2 polievkové lyžice olivového oleja na stredne vysokej teplote vo veľkej nepriľnavej panvici. Pridajte polovicu koláčov na panvicu; varte asi 8 minút alebo do zlatista, pričom v polovici varenia koláče otočte. Koláčiky preložíme na iný plech vystlaný papierom na pečenie a vložíme do rúry. Zvyšné koláčiky opečte na zvyšných 2 lyžiciach oleja podľa návodu.

3. Na servírovanie položte pásiky cukety do hniezda na každý zo štyroch servírovacích tanierov. Navrch dajte 2 lososové koláčiky, stratené vajce, trochu mangovej paradajkovej salsy a plátky avokáda.

Cuketové stužky: Z 2 cukiet odrežeme konce. Pomocou mandolíny alebo škrabky na zeleninu nakrájajte z každej cukety dlhé pásiky. (Aby stuhy zostali neporušené, prestaňte sa holiť, keď sa dostanete k jadru semien v strede tekvice.) Zahrejte 1 polievkovú lyžicu olivového oleja na stredne vysokej teplote vo veľkej panvici. Pridajte cuketu a $\frac{1}{8}$ lyžičky mletého kmínu; varte 2 až 3 minúty alebo do chrumkava, pomocou klieští jemne poprehadzujte stuhy, aby sa uvarili rovnomerne. Pokvapkáme limetkovou šťavou.

Tomatillo Mango Salsa: Predhrejte rúru na 450° F. Ošúpte a rozpoľte 8 paradajok. Paradajky položte na plech na pečenie; 1 šálka nakrájanej cibule; 1 čerstvé jalapeno nasekané a zbavené semienok; a 2 strúčiky cesnaku, olúpané. Pokvapkáme 1 lyžicou olivového oleja; hodiť do krytu Zeleninu grilujeme asi 15 minút alebo kým nezačne mäknúť a hnednúť. Nechajte 10 minút vychladnúť. Zeleninu a prípadnú šťavu premiestnite do kuchynského robota. Pridajte ¾ šálky ošúpaného a nasekaného manga a ¼ šálky čerstvého koriandra. Prikryte a nasekajte nahrubo. Preneste omáčku do misky; pridajte ďalšie ¾ šálky nasekaného a olúpaného manga. (Omáčku je možné pripraviť 1 deň vopred a nechať ju v chladničke. Pred podávaním nechajte zohriať na izbovú teplotu.)

*Tip: V prípade vareného lososa predhrejte rúru na 425 °F. Na plech vystlaný papierom na pečenie položte 8-uncový filet z lososa. Pečte 6 až 8 minút na ½-palcovú hrúbku ryby, alebo kým sa ryba pri testovaní vidličkou ľahko nelúpe.

JABLKOVÉ A ĽANOVÉ ZDVIHÁKY

ZAČNITE DO KONCA: 30 minút vyrobí: 4 porcie

TIETO FĽAŠTIČKY BEZ MÚKY SÚ CHRUMKAVÉ ZVONKU A MÄKKÉ VO VNÚTRI. VYROBENÉ Z STRÚHANÉHO JABLKA A LEN TROCHY ĽANOVEJ MÚČKY A VAJÍČKA, KTORÉ ICH SPOJA, SÚ TO RAŇAJKY, KTORÉ DETI (AJ DOSPELÍ) BUDÚ HLTAŤ.

- 4 veľké vajcia, zľahka rozšľahané
- 2 veľké jablká, neošúpané, odkôstkované a najemno nastrúhané
- ½ šálky ľanovej múčky
- ¼ šálky jemne nasekaných vlašských alebo pekanových orechov
- 2 čajové lyžičky jemne nasekanej pomarančovej kôry
- 1 čajová lyžička čistého vanilkového extraktu
- 1 lyžička mletého kardamónu alebo škorice
- 3 lyžice nerafinovaného kokosového oleja
- ½ šálky mandľového masla
- 2 čajové lyžičky jemne nasekanej pomarančovej kôry
- ¼ lyžičky mletého kardamónu alebo škorice

1. Vo veľkej miske zmiešajte vajcia, nakrájané jablká, ľanovú múčku, vlašské orechy, pomarančovú kôru, vanilku a 1 lyžičku kardamónu. Miešajte, kým sa dobre nespojí. Cesto necháme 5 až 10 minút odpočívať, aby zhustlo.

2. Na panvici alebo na panvici roztopte na miernom ohni 1 polievkovú lyžicu kokosového oleja. Pre každý Apple-Flax Jack nalejte asi ⅓ šálky cesta na panvicu a zľahka ho rozotrite. Varte

na miernom ohni 3 až 4 minúty z každej strany alebo kým nie sú jacky zlaté.

3. Medzitým zohrejte mandľové maslo v malej miske určenej na použitie v mikrovlnnej rúre na miernom ohni, kým sa neroztiera. Podávajte na vrchu Apple-Flax Jacks a posypte pomarančovou kôrou a ďalším kardamónom.

PALEO ORANGE GINGER GRANOLA

PRÍPRAVA: 15 minút varenie: 5 minút odpočinok: 4 minúty pečenie: 27 minút chladenie: 30 minút Výťažok: 8 (½ šálky) porcií

TENTO CHRUMKAVÝ ORIEŠOK A SUŠENÉ OVOCIE "CEREÁLIE" JE TO VYNIKAJÚCE PRELIATE MANDĽOVÝM ALEBO KOKOSOVÝM MLIEKOM A KONZUMUJE SA LYŽIČKOU, ALE JE TO TIEŽ SKVELÉ RAŇAJKY ALEBO DESIATA, KTORÚ JETE NA SUCHO.

- ⅔ šálky čerstvej pomarančovej šťavy
- Jeden 1½-palcový kúsok čerstvého zázvoru, olúpaný a nakrájaný na tenké plátky
- 1 čajová lyžička lístkov zeleného čaju
- 2 lyžice nerafinovaného kokosového oleja
- 1 šálka nahrubo nasekaných surových mandlí
- 1 šálka surových makadamových orechov
- 1 šálka lúpaných surových pistácií
- ½ šálky nesladených kokosových lupienkov
- ¼ šálky nasekaných nesolených a nesladených sušených marhúľ
- 2 polievkové lyžice ošúpaných, sušených, nasekaných, nesírených a nesladených sušených fíg
- 2 polievkové lyžice nesírených a nesladených zlatých hrozienok
- Nesladené mandľové mlieko alebo kokosové mlieko

1. Predhrejte rúru na 325 °F. Pomarančovú šťavu zohrejte v malom hrnci, kým nezovrie. Pridajte plátky zázvoru. Dusíme odkryté asi 5 minút alebo kým sa nezredukuje na približne ⅓

šálky. Vypadni z ohňa; pridajte listy zeleného čaju. Prikryte a nechajte 4 minúty odstáť. Zmes pomarančovej šťavy precedíme cez jemné sitko. Zlikvidujte čajové lístky a plátky zázvoru. Do horúcej zmesi pomarančovej šťavy pridajte kokosový olej a miešajte, kým sa neroztopí. Zmiešajte mandle, makadamové orechy a pistácie vo veľkej miske. Pridajte zmes pomarančovej šťavy; hodiť do krytu Rovnomerne rozložte do veľkej zapekacej misy s okrajom.

2. Odkryté pečieme 15 minút, pričom v polovici doby pečenia miešame. Pridajte kokosové vločky; zmes premiešajte a rozotrite, aby sa vytvorila rovnomerná vrstva. Pečte ďalších 12 až 15 minút, alebo kým orechy nie sú opečené a zlatisté, raz premiešajte. Pridajte marhule, figy a hrozienka; miešajte, kým sa dobre nespoja. Rozložte granolu na veľký kus fólie alebo plechu na pečenie s čistým okrajom; úplne vychladnúť. Podávame s mandľovým alebo kokosovým mliekom.

Skladovanie: Granolu vložte do vzduchotesnej nádoby; uchovávajte pri izbovej teplote až 2 týždne alebo v mrazničke až 3 mesiace.

KASTRÓL Z BROSKÝŇ A BOBÚĽ S KOKOSOVÝM CHRUMKANÍM A PRAŽENÝMI MANDĽAMI

PRÍPRAVA: 20 minút pečenie: 1 hodina varenie: 10 minút
príprava: 4 až 6 porcií

ODLOŽTE SI TO NA SEZÓNU BROSKÝŇ- VO VÄČŠINE ČASTÍ KRAJINY ZVYČAJNE KONCOM JÚLA, AUGUSTA A ZAČIATKOM SEPTEMBRA - KEĎ SÚ BROSKYNE NAJSLADŠIE A NAJŠŤAVNATEJŠIE. SÚ Z NEHO VÝBORNÉ RAŇAJKY, ALE DÁ SA VYCHUTNAŤ AJ AKO DEZERT.

6 zrelých broskýň
½ šálky nesolených a nesladených sušených broskýň, jemne nakrájaných*
¾ šálky čerstvej pomarančovej šťavy
¼ šálky nerafinovaného kokosového oleja
½ lyžičky mletej škorice
1 šálka nesladených kokosových vločiek
1 šálka nahrubo nasekaných surových mandlí
¼ šálky surových nesolených slnečnicových semienok
1 polievková lyžica čerstvej citrónovej šťavy
1 vanilkový struk, rozpolený a vyškrabaný zo semienok
1 šálka nahrubo nasekaných malín, čučoriedok, černíc a/alebo jahôd

1. Vo veľkom hrnci priveďte do varu 8 šálok vody. Ostrým nožom vyrežte zo spodnej časti každej broskyne ploché X. Ponorte broskyne po dvoch do vriacej vody na 30 až 60 sekúnd alebo kým sa šupka nezačne štiepiť. Pomocou štrbinovej lyžice preneste broskyne do veľkej misy s ľadovou vodou. Keď je

dostatočne vychladnutý, použite nôž alebo prsty na odstránenie kože; šupky vyhoďte. Broskyne nakrájame na mesiačiky, kôstky vyhodíme; odložiť.

2. Predhrejte rúru na 250 °F. Veľký plech vystelieme papierom na pečenie. V kuchynskom robote alebo mixéri zmiešajte 1 šálku plátkov broskýň, sušené broskyne, ¼ šálky pomarančového džúsu, kokosový olej a škoricu. Zakryte a spracujte alebo rozmixujte do hladka; odložiť.

3. Zmiešajte kokosové lupienky, mandle a slnečnicové semienka vo veľkej mise. Pridajte zmes broskyňového pyré. Hodiť do kabáta. Preneste pekanovú zmes na pripravený plech, rovnomerne rozotrite. Pečte 60 až 75 minút alebo do sucha a chrumkava za občasného miešania. (Dávajte pozor, aby ste sa nespálili; zmes chladnutím skrehne.)

4. Medzitým vložte zvyšné kolieska broskýň do stredne ťažkého hrnca. Pridajte zvyšnú ½ šálky pomarančovej šťavy, citrónovú šťavu a rozpoltený vanilkový lusk (so semienkami). Za občasného miešania priveďte na strednom ohni do varu. Znížte teplo na minimum; dusíme odkryté 10 až 15 minút alebo do zhustnutia za občasného miešania. Odstráňte vanilkový lusk. Pridajte bobule. Varte 3 až 4 minúty alebo kým sa bobule neprehrejú.

5. Na podávanie lyžicou dáme do misiek udusené broskyne. Každú porciu posypeme orechovou zmesou.

*Poznámka: Ak nemôžete nájsť nesírené sušené broskyne, môžete namiesto toho použiť ⅓ šálky nasekaných nesírených sušených marhúľ.

JAHODOVO-MANGOVE ENERGETICKE SMOOTHIES

PRIPRAVA:15-minútové varenie: 30 minút Výťažok: 4 (asi 8 uncí) porcie

REPA V TOMTO RANAJKOVOM NAPOJIDODAVA MU DAVKU VITAMINOV A MINERALOV A KRASNY CERVENÝ ODTIEN. PRASOK Z VAJECNÝCH BIELKOV POSKYTUJE BIELKOVINY A PRI MIESANI NAPOJA SA SLAHA NA LAHSI, PENIVEJSI KOKTAIL.

- 1 stredná červená repa, olúpaná a nakrájaná na štvrtiny (asi 4 unce)
- 2½ šálky čerstvých olúpaných jahôd
- 1½ šálky mrazených kúskov nesladeného manga*
- 1¼ šálky nesladeného kokosového mlieka alebo mandľového mlieka
- ¼ šálky nesladenej šťavy z granátového jablka
- ¼ šálky nesoleného mandľového masla
- 2 lyžičky práškového vaječného bielka

1. Cviklu varte prikrytú v strednom hrnci v malom množstve vriacej vody 30 až 40 minút** alebo kým nebude veľmi mäkká. Sceďte repu; repu zalejeme studenou vodou, aby rýchlo vychladla. Dobre sceďte.

2. V mixéri zmiešajte repu, jahody, kúsky manga, kokosové mlieko, šťavu z granátového jablka a mandľové maslo. Prikryte a mixujte do hladka, pričom podľa potreby zastavte, aby ste zoškrabali steny mixéra. Pridajte práškový vaječný bielok. Prikryte a miešajte, kým sa nespojí.

*Poznámka: Ak chcete zmraziť čerstvé kúsky manga, vložte mango nakrájané na jednu vrstvu do formy na pečenie s rozmermi 15 x 10 x 1 palca vystlanej pergamenovým papierom. Voľne prikryte a zmrazte na niekoľko hodín alebo kým nie sú veľmi pevné. Preneste mrazené kúsky manga do vzduchotesnej nádoby; zmraziť až na 3 mesiace.

**Poznámka: Cviklu je možné variť až 3 dni vopred. Cviklu úplne ochlaďte. Uchovávajte v tesne uzavretej nádobe v chladničke.

DATLOVE SMOOTHIE

ZACNITE DO KONCA:10 minút robí: 2 porcie (asi 8 uncí)

JE TO PALEO PRISTUPKREMOVÝ DATLOVÝ KOKTEIL, KTORÝ SA CASTO VYRABA SO ZMRZLINOU, KTORA JE V JUZNEJ KALIFORNII POPULARNA UZ OD 30. ROKOV 20. STOROCIA. S DATLAMI, MRAZENÝM BANANOM, MANDLOVÝM MASLOM, MANDLOVÝM MLIEKOM A PRASKOVÝM VAJECNÝM BIELKOM JE TATO VERZIA ROZHODNE VÝZIVNEJSIA. PRE COKOLADOVU VERZIU PRIDAJTE 1 POLIEVKOVU LYZICU NESLADENEHO KAKAOVEHO PRASKU.

- ⅓ šálky vykôstkovaných nakrájaných datlí Medjool
- 1 šálka nesladeného mandľového alebo kokosového mlieka (v prípade potreby s vanilkou)
- 1 zrelý banán, mrazený a nakrájaný na plátky
- 2 lyžice mandľového masla
- 1 lyžica práškového vaječného bielka
- 1 polievková lyžica nesladeného kakaového prášku (voliteľné)
- ½ lyžičky čerstvej citrónovej šťavy
- ⅛ až ¼ lyžičky mletého muškátového orieška*

1. Zmiešajte datle a ½ šálky vody v malej miske. Zapnite mikrovlnnú rúru na 30 sekúnd alebo kým nebudú datle mäkké; vypustite vodu.

2. Zmiešajte datle, mandľové mlieko, plátky banánu, mandľové maslo, práškový vaječný bielok, kakaový prášok (ak používate), citrónovú šťavu a muškátový oriešok v mixéri. Prikryjeme a rozmixujeme do hladka.

*Tip: Ak používate kakaový prášok, použite ¼ lyžičky mletého muškátového orieška.

CHORIZO PLNENE JALAPENOS

PRÍPRAVA: 30 minút pečenia: 25 minút príprava: 12 predjedál

KĽÚČOVÝ KRÉM Z KEŠU, LIMETKY A KORIANDRAOCHLAĎTE OHEŇ TÝMITO PIKANTNÝMI POCHÚŤKAMI. PRE JEMNEJŠIU CHUŤ NAHRAĎTE JALAPENOS 6 MINIATÚRNYMI PAPRIKAMI, ODSTOPKOVANÝMI, S JADIERKAMI A ROZREZANÝMI NA POLOVICU.

- 2 čajové lyžičky ancho čili prášku*
- 1½ čajovej lyžičky granulovaného cesnaku bez konzervačných látok
- 1½ čajovej lyžičky mletého kmínu
- ¾ lyžičky sušeného oregana
- ¾ lyžičky mletého koriandra
- ½ lyžičky čierneho korenia
- ¼ lyžičky mletej škorice
- ⅛ lyžičky mletých klinčekov
- 12 uncí mletého bravčového mäsa
- 2 polievkové lyžice červeného vínneho octu
- 6 veľkých paprík jalapeňos, vodorovne rozpolených a zbavených semienok** (stopky podľa možnosti nechajte nedotknuté)
- ½ šálky kešu krému (pozrirecept)
- 1 polievková lyžica jemne nasekaného čerstvého koriandra
- 1 lyžička jemne nastrúhanej limetkovej kôry

1. Predhrejte rúru na 400 °F.

2. Pre chorizo kombinujte čili prášok, cesnak, rascu, oregano, koriander, čierne korenie, škoricu a klinčeky v malej miske.

Vložte bravčové mäso do strednej misky. Jemne ho rozdeľte rukami. Posypte korením na bravčové mäso; Mäsovú zmes jemne prepracujte, kým sa korenie a ocot rovnomerne nerozložia.

3. Naplňte chorizo na polovice jalapeňo, rovnomerne ich rozdeľte a vytvorte miernu hrudku (chorizo sa pri varení scvrkne). Umiestnite plnené polovice jalapeňo na veľký plech na pečenie. Pečieme 25 až 30 minút alebo kým chorizo nie je uvarené.

4. Medzitým v malej miske zmiešajte kešu smotanu, koriander a limetkovú kôru. Pred podávaním pokvapkajte plnené jalapeňos zmesou kešu krému.

*Poznámka: Ak chcete, nahraďte ancho čili prášok 2 polievkovými lyžicami papriky a ¼ čajovej lyžičky mletého kajenského korenia.

**Tip: Chilli papričky obsahujú oleje, ktoré môžu popáliť pokožku, oči a citlivé tkanivo v nose. Čo najviac sa vyhýbajte priamemu kontaktu s reznými okrajmi a semienkami čili. Ak sa vaše holé ruky dotknú niektorej z týchto častí paprík, dôkladne si umyte ruky mydlom a teplou vodou.

PEČENÁ REPA S POMARANČOVÝM PEKANOVÝM POLIEVKOU

PRÍPRAVA: 20 minút pečenie: 40 minút marinovanie: 8 hodín príprava: 12 porcií

OLEJ Z VLAŠSKÝCH ORECHOV BY SA NIKDY NEMAL POUŽÍVAŤ NA VARENIE. PO ZAHRIATÍ JE VĎAKA VYSOKEJ KONCENTRÁCII POLYNENASÝTENÝCH TUKOV NÁCHYLNÝ NA OXIDÁCIU A KAZENIE, ALE JE IDEÁLNY PRE JEDLÁ PODÁVANÉ ZA STUDENA ALEBO PRI IZBOVEJ TEPLOTE, AKO JE TENTO.

- 3 veľké repy, nakrájané na plátky a olúpané (asi 1 libra)
- 1 lyžica olivového oleja
- ¼ šálky orechového oleja
- 1½ lyžičky jemne nasekanej pomarančovej kôry
- ¼ šálky čerstvej pomarančovej šťavy
- 2 čajové lyžičky čerstvej citrónovej šťavy
- 2 polievkové lyžice jemne nasekaných vlašských orechov, opražených*

1. Predhrejte rúru na 425°F. Každú cviklu nakrájame na 8 koliesok. (Ak je repa menšia, nakrájajte ju na ½-palcové mesiačiky. Celkovo chcete asi 24 klinov.) Vložte repu do 2-litrovej misky; pokvapkáme olivovým olejom a premiešame. Nádobu prikryte hliníkovou fóliou. Zakryté pečieme 20 minút. Pridajte repu a pečte odkrytú ďalších 20 minút alebo kým repa nezmäkne. Necháme trochu vychladnúť.

2. Medzitým na marinádu zmiešajte v malej miske orechový olej, pomarančovú kôru, pomarančovú šťavu a citrónovú šťavu. Nalejte repu marinádou; prikryte a vložte do chladničky na 8 hodín alebo cez noc. Marinádu sceďte.

3. Vložte repu do servírovacej misy a posypte opečenými vlašskými orechmi. Podávame s hrotmi.

*Tip: Ak chcete opekať orechy, rozložte ich na plytký plech. Pečte v rúre vyhriatej na 350 °F 5 až 10 minút alebo do zhnednutia, pričom raz alebo dvakrát pretrepte panvicu. Pozorne sledujte, aby sa nepripálili.

KARFIOLOVÉ POHÁRE S BYLINKOVÝM PESTOM A JAHŇACINOU

PRÍPRAVA: 45 minút varenia: 15 minút varenia: 10 minút príprava: 6 porcií

KARFIOLOVÉ POHÁRE SÚ VEĽMI ĽAHKÉ TIETO CHUTNÉ PREDJEDLÁ MOŽNO BUDETE CHCIEŤ PODÁVAŤ VIDLIČKOU, ABY SI HOSTIA MOHLI DAŤ DO POSLEDNÉHO SÚSTA A STÁLE SI ZACHOVALI SVOJE SPRÁVANIE.

- 2 polievkové lyžice rafinovaného kokosového oleja, roztopeného
- 4 šálky nahrubo nakrájaného čerstvého karfiolu
- 2 veľké vajcia
- ½ šálky mandľovej múky
- ¼ lyžičky čierneho korenia
- 4 malé člny
- 12 uncí mletého jahňacieho alebo mletého bravčového mäsa
- 3 strúčiky cesnaku nakrájané nadrobno
- 12 cherry alebo hroznových paradajok nakrájaných na štvrtiny
- 1 lyžička stredomorského korenia (pozri recept)
- ¾ šálky tesne zabaleného čerstvého koriandra
- ½ šálky tesne zabalenej čerstvej petržlenovej vňate
- ¼ šálky tesne zabalenej čerstvej mäty
- ⅓ šálky píniových orieškov, opečených (pozri stopa)
- ¼ šálky olivového oleja

1. Predhrejte rúru na 425°F. Potrite dno a boky dvanástich 2,5-palcových košíčkov na muffiny kokosovým olejom. Odložte bokom. Vložte karfiol do kuchynského robota. Prikryte a varte, kým karfiol nie je nakrájaný nadrobno, ale nie roztlačený. Naplňte veľkú panvicu vodou do hĺbky 1 palca; priviesť do varu. Do hrnca nad vodu vložte parný košík. Pridajte karfiol do parného koša. Prikryjeme a dusíme 4 až 5 minút alebo do zmäknutia. Parný košík s karfiolom vyberte z panvice a položte ho na veľký tanier. Karfiol necháme mierne vychladnúť.

2. Vo veľkej mise zľahka rozšľahajte vajíčka metličkou. Pridáme vychladnutý karfiol, mandľovú múku a korenie. Do pripravených košíčkov na muffiny rovnomerne nalejte karfiolovú zmes. Pomocou prstov a zadnej časti lyžice zatlačte karfiol na dno a po stranách pohárov.

3. Karfiolové poháre pečieme 10 až 15 minút alebo kým karfiolové poháre nie sú svetlohnedé a stredy stuhnuté. Položte ho na stojan, ale nevyberajte ho z formy.

4. Medzitým nakrájajte na tenké plátky cibuľovú cibuľku, pričom bielu spodnú časť oddeľte od zelených vrchov. Jahňacie mäso, narezané biele spodné strany rezňov a cesnak varte vo veľkej panvici na stredne vysokej teplote, kým sa mäso neprepečie, pričom miešajte drevenou vareškou, aby sa mäso počas pečenia rozbilo. Vypustite tuk. Pridajte zelené časti pažítky, paradajky a stredomorské korenie. Varte a miešajte 1 minútu. Jahňaciu zmes rovnomerne nalejte do karfiolových pohárov.

5. Pre bylinkové pesto kombinujte koriandr, petržlen, mätu a píniové oriešky v kuchynskom robote. Prikryte a spracujte, kým zmes nie je jemne nakrájaná. So spusteným procesorom pomaly

pridávajte olej cez plniacu trubicu, kým sa zmes dobre nepremieša.

6. Po okrajoch karfiolových pohárov prejdite tenkým ostrým nožom. Opatrne vyberte hrnčeky z panvice a položte na servírovací tanier. Na karfiolové poháre nalejte bylinkové pesto.

ŠPENATOVÝ ARTICOKOVÝ DIP

ZACNITE DO KONCA:20 minút vyrobí: 6 porcií

ZDA SA, ZE TAKMER NA KAZDEJ PARTYZAHRNTE NA STOL NEJAKU VERZIU SPENATOVEHO A ARTICOKOVEHO DIPU, TEPLEHO ALEBO STUDENEHO, PRETOZE TO LUDIA MILUJU. BOHUZIAL, KOMERCNE VYRABANE VERZIE A DOKONCA ANI VÄCSINA DOMACICH VERZII VAS NEMILUJU. TENTO ANO.

- 1 lyžica extra panenského olivového oleja
- 1 šálka nakrájanej sladkej cibule
- 3 strúčiky cesnaku nakrájané nadrobno
- 1 9-uncová škatuľka mrazených artičokových sŕdc, rozmrazená
- ¾ šálky Paleo Mayo (pozri recept)
- ¾ šálky kešu krému (pozri recept)
- ½ lyžičky jemne nastrúhanej citrónovej kôry
- 2 čajové lyžičky čerstvej citrónovej šťavy
- 2 čajové lyžičky údeného korenia (viď recept)
- 2 10-uncové škatule nakrájaný mrazený špenát, rozmrazený a dobre odkvapkaný
- Rôzne plátky zeleniny, ako sú uhorky, mrkva a červená paprika

1. Vo veľkej panvici zohrejte olivový olej na strednom ohni. Pridajte cibuľu; varte a miešajte asi 5 minút alebo do priehľadnosti. Pridajte cesnak; varíme 1 minútu.

2. Medzitým vložte scedené artičoky do kuchynského robota vybaveného sekacou/mixovacou čepeľou. Zakryte a nasekajte najemno; odložiť.

3. V malej miske zmiešajte Paleo Mayo a kešu krém. Pridajte citrónovú kôru, citrónovú šťavu a dymové korenie; odložiť.

4. Pridajte nakrájané artičoky a špenát do cibuľovej zmesi na panvici. Pridajte majonézovú zmes; teplo cez. Podávame s nakrájanou zeleninou.

ÁZIJSKÉ MÄSOVÉ GUĽKY S BADIÁNOVOU OMÁČKOU

PRIPRAVA: Varenie 30 minút: 5 minút na dávku Výťažok: 8 porcií

PRE TENTO RECEPT POTREBUJETE STONKY A REBRA Z 1 ZVÄZKU HORCICOVÝCH ZELENÝCH. UROBTE TO SUCASNE S VARENIM SEZAMOVÝCH HORCICNÝCH LUPIENKOV (POZRI RECEPT) ALEBO ZACNITE S HRSTOU HORCICOVEJ ZELENINY A NASEKAJTE MENSIE LISTY SPOLU SO STONKAMI A REBRAMI NA MÄSOVE GULKY, VÄCSIE LISTY SI ODLOZTE NA RESTOVANIE S CESNAKOM AKO RÝCHLU OZDOBU.

- stonky a rebrá z 1 zväzku horčicových zelených
- 1 6-palcový kúsok čerstvého zázvoru, olúpaný a nakrájaný na plátky
- 12 uncí mletého bravčového mäsa
- 12 uncí mletého moriaka (tmavé a biele mäso)
- ½ lyžičky čierneho korenia
- 4 šálky vývaru z hovädzích kostí (viď recept) alebo hovädzí vývar bez pridania soli
- aníz 2 hviezdičky
- ½ šálky nadrobno nasekanej pažítky
- 3 lyžičky jemne nasekanej pomarančovej kôry
- 2 lyžice jablčného octu
- 1 lyžička horúceho čili oleja (viď recept, nižšie) (voliteľné)
- 8 listov kelu
- 1 lyžica nadrobno nasekanej pažítky
- 2 lyžičky mletej červenej papriky

1. Nahrubo nasekajte stonky a žily horčicových zelených; vložte do kuchynského robota. Zakryte a spracujte, kým nie je

nakrájaná na drobno. (Mali by ste mať 2 šálky). Vložte do veľkej misy. Vložte nakrájaný zázvor do kuchynského robota; prikryte a spracujte, kým nie je jemne mletý. Do misky pridajte ¼ šálky každého z mletého zázvoru, mletého bravčového mäsa, mletého moriaka a čierneho korenia. Jemne premiešajte, kým sa dobre nespojí. Z mäsovej zmesi vytvarujte 32 mini mäsových guľôčok s použitím približne 1 polievkovej lyžice mäsovej zmesi na každú fašírku.

2. Na badiánovú omáčku zmiešajte v strednom hrnci 2 polievkové lyžice mletého zázvoru, 2 šálky vývaru z hovädzích kostí, 1 badián, ¼ šálky šalotky, 2 čajové lyžičky pomarančovej kôry, octový jablčný mušt a podľa potreby horúci chilli olej . Priviesť do varu; znížiť teplo. Dusíme prikryté, kým sa fašírky varia.

3. Medzitým zmiešajte zvyšné 2 polievkové lyžice mletého zázvoru, 2 šálky vývaru, 1 badián, ¼ šálky tekvice a 1 čajovú lyžičku pomarančovej kôry v inom strednom hrnci. Priviesť do varu; pridajte toľko mäsových guľôčok, koľko môžu plávať vo varenej tekutine bez toho, aby sa zhlukli. Varte mäsové guľky 5 minút; odstráňte štrbinovou lyžicou. Uvarené mäsové guľky udržiavajte teplé na servírovacom tanieri, kým zostávajúce mäsové guľky uvarte. Tekutinu na varenie zlikvidujte.

4. Odstráňte omáčku z ohňa. Preceďte a zlikvidujte tuhé látky.

5. Na podávanie položte na tanier predjedla list kapusty a na každý list položte 4 fašírky. Zalejte horúcou omáčkou; posypeme pažítkou a drvenou červenou paprikou.

Pikantný olej: Zahrejte 2 polievkové lyžice slnečnicového oleja v malom hrnci na strednom ohni; pridajte 2 lyžičky mletej červenej papriky a 2 celé sušené ancho čili. Varte 1 minútu, alebo kým čili nezačnú prskať (nenechajte ich zhnednúť, inak budete musieť začať odznova). Pridajte ¾ šálky slnečnicového oleja; zahrievajte do vlažného stavu. Uchovávajte mimo dosahu tepla; Necháme vychladnúť pri izbovej teplote. Olej preceďte cez jemné sitko; odhodiť čili. Olej skladujte vo vzduchotesnej nádobe alebo sklenenej nádobe v chladničke až 3 týždne.

DIABOLSKÉ VAJÍČKA

ZAČNITE DO KONCA: 25 minút vyrobí: 12 porcií

AK SA ROZHODNETE PRE WASABI DIABOLSKÉ VAJCIA, URČITE HĽADAJTE PRÁŠOK WASABI, KTORÝ OBSAHUJE IBA PRÍRODNÉ ZLOŽKY, BEZ SOLI A UMELÝCH FARBÍV. WASABI JE KOREŇ, KTORÝ SA STRÚHA A POUŽÍVA SA ČERSTVÝ ALEBO SUŠENÝ A ROZOMLETÝ NA PRÁŠOK. ZATIAĽ ČO 100% WASABI PRÁŠOK JE ŤAŽKÉ NÁJSŤ MIMO JAPONSKA (A JE VEĽMI DRAHÝ), EXISTUJÚ KOMERČNE DOSTUPNÉ WASABI PRÁŠKY, KTORÉ OBSAHUJÚ IBA WASABI, CHREN A SUCHÚ HORČICU.

6 natvrdo uvarených vajec, olúpaných*
¼ šálky Paleo Mayo (pozri recept)
1 lyžička horčice dijonského typu (pozri recept)
1 lyžička octu alebo bieleho vínneho octu
½ lyžičky čierneho korenia
Údená paprika alebo vetvičky čerstvej petržlenovej vňate

1. Vajcia prekrojíme vodorovne na polovicu. Odstráňte vaječné žĺtky a vložte ich do strednej misky. Bielky pouklaďajte na servírovací tanier.

2. Žĺtky rozdrvíme vidličkou. Pridajte Paleo Mayo, dijonskú horčicu, ocot a čierne korenie. Dobre premiešajte.

3. Nalejte žĺtkovú zmes do polovíc bielkov. Zakryte a nechajte v chladničke až do času podávania. Ozdobte paprikou alebo vetvičkami petržlenovej vňate.

Wasabi Deviled Eggs: Pripravte sa podľa návodu, ale vynechajte dijonskú horčicu a použite ¼ šálky plus 1 čajovú lyžičku Paleo

Mayo. V malej miske zmiešajte 1 čajovú lyžičku wasabi prášku a 1 čajovú lyžičku vody, aby ste vytvorili pastu. Vmiešajte žĺtkovú zmes spolu s ¼ šálky na tenké plátky nakrájanej cibuľky. Ozdobte nakrájanými mušľami.

Chipotle Deviled Eggs: Pripravte sa podľa návodu, okrem toho, že do žĺtkovej zmesi pridajte ¼ šálky jemne nasekaného koriandra, 2 polievkové lyžice jemne nasekanej červenej cibule a ½ čajovej lyžičky mletej papriky chipotle. Posypte ďalším mletým chipotle čili.

Avocado Ranch Deviled Eggs: Zredukujte Paleo Mayo na 2 polievkové lyžice a vynechajte horčicu a ocot v dijonskom štýle. Do zmesi vaječných žĺtkov pridajte ¼ šálky roztlačeného avokáda, 2 lyžice nasekanej čerstvej pažítky, 1 lyžicu čerstvej citrónovej šťavy, 1 lyžicu nasekanej petržlenovej vňate, 1 lyžičku nasekaného kôpru, ½ lyžičky cibuľového prášku a ¼ lyžičky cesnakového prášku. Ozdobíme nadrobno nasekanou pažítkou.

*Tip: Ak chcete uvariť vajcia natvrdo, vložte vajcia v jednej vrstve do veľkého hrnca. Zakryte studenou vodou o 1 palec. Na silnom ohni priveďte do varu. Chráňte pred teplom. Prikryte a nechajte 15 minút odpočívať; odčerpať. Vajcia nalejte studenou vodou; znova vypustiť.

PECENÝ BAKLAZAN A ROZKY ROMESCO

PRIPRAVA:45 minút grilovanie: 10 minút pečenie: 15 minút
urobte: približne 24 roliek

ROMESCO JE TRADICNE SPANIELSKA OMACKAZ PECENEJ CERVENEJ PAPRIKY ZAROBENE PYRE S PARADAJKAMI, OLIVOVÝM OLEJOM, MANDLAMI A CESNAKOM. TENTO RECEPT PRIPRAVI ASI 2½ SALKY VÝVARU. VSETKY ZVYSKY OMACKY SKLADUJTE V TESNE UZAVRETEJ NADOBE V CHLADNICKE AZ 1 TÝZDEN. POUZIVAJTE NA PECENE ALEBO GRILOVANE MÄSO, HYDINU, RYBY ALEBO ZELENINU.

- 3 červené papriky, rozpolené, odstopkované a odkôstkované
- 4 rómske paradajky bez kôstky
- 1 libra baklažánu, konce orezané
- ½ šálky extra panenského olivového oleja
- 1 lyžica stredomorského korenia (viď recept)
- ¼ šálky mandlí, opečených (pozri stopa)
- 3 lyžice pečeného cesnakového vinaigrettu (pozri recept)
- Extra jemný filtrovaný olivový olej

1. Na omáčku romesco predhrejte brojler s roštom umiestneným 4 až 5 palcov od vykurovacieho telesa. Ohraničený plech na pečenie vysteľte hliníkovou fóliou. Na pripravenom plechu poukladajte papriku reznou stranou nadol a paradajky. Smažíme asi 10 minút alebo kým šupka nie je čierna. Odstráňte plech na pečenie z brojlera a zabaľte zeleninu do hliníkovej fólie; odložiť.

2. Znížte teplotu rúry na 400°F. Pomocou mandolíny alebo krájača nakrájajte baklažán pozdĺžne na ¼-palcové plátky. (Mali by ste mať asi 12-14 plátkov.) Dva plechy na pečenie vysteľte hliníkovou fóliou; Plátky baklažánu poukladajte v jednej vrstve na pripravené plechy na pečenie. Obidve strany plátkov baklažánu potrieme olivovým olejom; posypeme stredomorským korením. Pečieme asi 15 minút alebo do zmäknutia, pričom plátky raz obrátime. Upečené baklažány odložíme nabok vychladnúť.

3. V kuchynskom robote kombinujte pečenú papriku a paradajky, mandle a pečený cesnakový vinaigrette. Prikryte a spracujte do hladka, podľa potreby pridajte olivový olej, aby vznikla hladká omáčka.

4. Každý plátok pečeného baklažánu potrieme asi 1 lyžičkou omáčky romesco. Začnite od kratšieho konca plátkov grilovaného baklažánu, každý plátok stočte do špirály a rozrežte priečne na polovicu. Každú rolku zaistite dreveným špáradlom.

MÄSOVO-ZELENINOVÉ ZÁBALY

ZAČNITE DO KONCA:15 minút vyrobí: 6 porcií (12 zábalov)

TIETO CHRUMKAVÉ ROLKY SÚ OBZVLÁŠŤ DOBRÉ.VYROBENÉ ZO ZVYŠKOV POMALY PEČENEJ HOVÄDZEJ SVIEČKOVICE (POZRI<u>RECEPT</u>). CHLADENIE MÄSA PRED KRÁJANÍM POMÁHA KRÁJAŤ ČISTEJŠIE, TAKŽE ZÍSKATE ČO NAJTENŠIE PLÁTKY MÄSA.

- 1 malá červená paprika, odstopkovaná, rozpolená a zbavená semienok
- 2 3-palcové kúsky anglickej uhorky, pozdĺžne rozpolené a vykôstkované
- 2 3-palcové kúsky mrkvy, olúpané
- ½ šálky klíčkov reďkovky daikon
- 1 libra zvyšku panenky alebo iného zvyšku pečeného hovädzieho mäsa, chladené
- 1 avokádo, olúpané, odkôstkované a nakrájané na 12 plátkov
- Chimichurri omáčka (pozri<u>recept</u>)

1. Červenú papriku, uhorku a mrkvu nakrájame na dlhé kúsky veľké asi ako zápalka.

2. Praženicu nakrájame na tenké plátky (budete potrebovať 12 plátkov). Ak je to potrebné, nakrájajte na kúsky s rozmermi približne 4 × 2 palce. Na každý zábal položte 4 plátky hovädzieho mäsa v jednej vrstve na čistý a suchý pracovný povrch. Do stredu každého kúska položte plátok avokáda, kúsok červenej papriky, kúsok uhorky, kúsok mrkvy a trochu klíčku. Zrolujte mäso a cez zeleninu. Umiestnite obaly na tanier švom nadol (v prípade potreby zaistite obaly špáradlami). Opakujte

dvakrát, aby ste urobili celkovo 12 zábalov. Podávame s omáčkou chimichurri na namáčanie.

HREBENATKA A AVOKÁDO ČAKANKY

ZAČNITE DO KONCA: Pred 25 minútami: 24 predjedál

Z LISTOV ENDIVE SA ROBIA DOBRÉ KOPČEKYJESŤ BEZ VIDLIČKY VŠETKY DRUHY PLNIEK. TU SI ZACHOVÁVAJÚ CITRUSOVÚ CHUŤ AVOKÁDA A KORENIA DOPLNENÚ RÝCHLO OPEČENÝMI CAJUNSKÝMI MUŠĽAMI. VÝSLEDOK JE KRÉMOVÝ AJ CHRUMKAVÝ, SVIEŽI A TEPLÝ.

- 1 libra čerstvých alebo mrazených mušlí
- 1 až 2 čajové lyžičky cajunského korenia (viď recept)
- 24 stredných až veľkých listov endívie (3 až 4 hlávky endívie)*
- 1 zrelé avokádo, olúpané, odkôstkované a nakrájané
- 1 červená alebo oranžová paprika, jemne nasekaná
- 2 zelené cibule, nakrájané
- 2 polievkové lyžice svetlého citrusového vinaigrettu (pozri recept) alebo čerstvej citrónovej šťavy
- 1 lyžica extra panenského olivového oleja

1. Rozmrazte mušle, ak sú zmrazené. Opláchnite mušle a osušte papierovými utierkami. V strednej miske premiešajte mušle s cajunským korením; odložiť.

2. Listy endívie poukladajte do veľkej misy. V strednej miske jemne premiešajte avokádo, papriku, zelenú cibuľu a jasný citrusový vinaigrette. Lyžičkou nalejte lístky endívie.

3. Vo veľkej panvici zohrejte olivový olej na stredne vysokej teplote.** Pridajte mušle; varte 1 až 2 minúty alebo do zmatnenia za častého miešania. Položte hrebenatky na avokádovú zmes na vrch listov endívie. Ihneď podávajte alebo

prikryte a nechajte v chladničke maximálne 2 hodiny. Pripraví 24 predjedál.

*Poznámka: Menšie listy si odložte na nasekanie a pridajte do šalátu.

**Poznámka: Hrebenatka má jemnú štruktúru a pri varení sa môže ľahko zlepiť. Dobre osvedčená liatinová panvica má nepriľnavý povrch, ktorý je pre túto prácu vynikajúcou voľbou.

BYLINKOVÉ ČIPSY Z HLIVY USTRICOVEJ S CITRÓNOVÝM AIOLI

PRÍPRAVA:10 minút na pečenie: 30 minút na vychladnutie: 5 minút na prípravu: 4-6 porcií

UROBTE TO NA JAR A NA JESEŇ,KEĎ JE HLIVY USTRICOVEJ DOSTATOK. OKREM TOHO, ŽE HLIVA JE LAHODNÁ, KEĎ JE GRILOVANÁ S OLIVOVÝM OLEJOM A ČERSTVÝMI BYLINKAMI, JE VÝBORNÝM ZDROJOM BIELKOVÍN (AŽ 30 % BIELKOVÍN V SUŠINE) A OBSAHUJE ZLÚČENINU NAZÝVANÚ LOVASTATÍN, KTORÁ MÔŽE POMÔCŤ ZNÍŽIŤ HLADINU CHOLESTEROLU V KRVI.

1 libra hlivy ustricovej, olúpané

2 polievkové lyžice extra panenského olivového oleja

3 lyžice nasekaného čerstvého rozmarínu, tymiánu, šalvie a/alebo oregana

½ šálky Paleo Alioli (cesnaková majonéza) (pozri<u>recept</u>)

½ lyžičky jemne nastrúhanej citrónovej kôry

1 polievková lyžica čerstvej citrónovej šťavy

1. Predhrejte rúru na 400 °F. Umiestnite kovový stojan na veľký plech na pečenie; odložiť. Zmiešajte huby, olivový olej a čerstvé bylinky vo veľkej miske. Premiešame, aby sa huby rovnomerne obalili. Rozložte huby v jednej vrstve na stojan na plechu na pečenie.

2. Pečte 30 až 35 minút alebo kým huby nie sú zlaté, prskajúce a mierne chrumkavé. Pred podávaním nechajte 5-10 minút vychladnúť (huby chladnutím zhnednú).

3. Pre citrónové aioli kombinujte Paleo Aioli, citrónovú kôru a citrónovú šťavu v malej miske. Podávame s hubovými lupienkami.

MRKVOVE HRANOLKY

ZACIATOK DO KONCA: 30 MINUT

TIETO CHRUMKAVE CIPSY SU VSETKO.ROVNAKO CHUTNE AKO TIE, KTORE SI KUPITE CEZ VRECUSKO, BEZ TOHO, ABY BOLI VYPRAZANE V POTENCIALNE SKODLIVOM OLEJI (AKO JE REPKOVÝ ALEBO SVETLICOVÝ) A OCHUTENE PRIDANOU SOLOU. ZACNITE S VELMI TENKÝMI PLATKAMI, ABY BOLI CO NAJCHRUMKAVEJSIE.

- Sladký zemiak, červená repa, paštrnák, mrkva, repa, paštrnák alebo kaleráb, umyté a olúpané
- Extra jemný filtrovaný olivový olej
- Zmes príchutí podľa vlastného výberu (viďrecepty)

1. Pomocou mandolíny alebo ostrého kuchárskeho noža nakrájajte zeleninu na tenké plátky 1/16 až 1/32 palca. Plátky premiestnite do misky s ľadovou vodou, kým budete pracovať na odstránení škrobu z povrchu plátkov.

2. Pomocou odstredivky na šalát osušte plátky (alebo osušte čistými papierovými utierkami alebo bavlnenými utierkami). Prikryte tanier vhodný do mikrovlnnej rúry papierovou utierkou. Naaranžujte čo najviac plátkov zeleniny bez toho, aby ste sa dotkli taniera. Potrieme olivovým olejom a jemne posypeme korením.

3. Mikrovlnná rúra na vysokej úrovni po dobu 3 minút. Plátky otočte a vložte do mikrovlnnej rúry na strednú teplotu na 2 až 3 minúty, pričom odstráňte všetky plátky, ktoré začnú rýchlo hnednúť. Pokračujte vo varení na strednom ohni v 1-minútových intervaloch, kým zemiaky nie sú chrumkavé a

jemne zhednuté, pričom dávajte pozor, aby sa korenie nepripálilo. Uvarené zemiaky necháme vychladnúť na tanieri, kým nie sú úplne chrumkavé, a potom ich preložíme do servírovacej misy. Opakujte so zvyšnými plátkami zeleniny.

ZELENE HORCICOVE LUPIENKY SO SEZAMOVÝMI KUSKAMI

PRIPRAVA:10 minút pečenie: 20 minút príprava: 4 až 6 porcií

JE TO PODOBNE AKO CHRUMKAVE KELOVE LUPIENKY. ALE JEMNEJSIE. ABY ZOSTALI CHRUMKAVE, SKLADUJTE ICH V ZROLOVANOM PAPIEROVOM VRECKU A NIE V TESNE UZAVRETEJ NADOBE, CO SPOSOBI ICH VÄDNUTIE.

- 1 zväzok horčicových zelených, odstránených stoniek a rebier*
- 2 polievkové lyžice extra panenského olivového oleja
- 2 čajové lyžičky bieleho sezamu
- 1 čajová lyžička čiernych sezamových semienok

1. Predhrejte rúru na 300°F. Vyložte dva plechy na pečenie s rozmermi 15 x 10 x 1 palca pergamenovým papierom.

2. Zelenú horčicu nakrájame na malé kúsky. Zmiešajte zeleninu a olivový olej vo veľkej miske. Premiešajte, aby ste obalili, povrch listov jemne potrite olejom. Posypte sezamovými semienkami; zľahka prehodiť na kabát.

3. Horčicové zelené poukladajte v jednej vrstve na pripravené plechy na pečenie. Pečte asi 20 minút, alebo kým nie sú tmavé a chrumkavé, raz otočte. Podávajte ihneď alebo hranolky skladujte vychladené v papierovom vrecku až na 3 dni.

*Poznámka: Stopky a rebrá možno použiť na prípravu ázijských mäsových guľôčok s badiánovým dipom (pozri<u>recept</u>).

PEČENÉ PIKANTNÉ NUGETKY

PRÍPRAVA: 5 minút pečenie: 20 minút príprava: 2 šálky

TOTO JE PRÁVE TO, NA ČOM SA DÁ POHOSTIŤ KEĎ SI HLADNÝ A PRIPRAVUJEŠ VEČERU. PEPITAS SÚ LÚPANÉ TEKVICOVÉ SEMIENKA, ALE AK CHCETE, MÔŽETE ICH NAHRADIŤ ORECHMI, AKO SÚ MANDLE ALEBO VLAŠSKÉ ORECHY.

1 vaječný bielok
2 čajové lyžičky čerstvej citrónovej šťavy
1 lyžička mletého kmínu
½ čajovej lyžičky čili prášku bez pridania soli
½ lyžičky údenej papriky
½ lyžičky čierneho korenia
¼ lyžičky kajenského korenia
¼ lyžičky mletej škorice
2 šálky surových pepitas (vylúpané tekvicové semienka)

1. Predhrejte rúru na 350 °F. Plech vystelieme papierom na pečenie; odložiť.

2. Bielka vyšľaháme v strednej miske do peny. Pridajte limetkovú šťavu, rascu, čili prášok, papriku, čierne korenie, kajenské korenie a škoricu. Šľaháme, kým sa dobre nespojí. Pridajte nugety. Miešame, kým nie sú všetky nugety dobre obalené. Nugety rovnomerne rozložíme na pripravený plech.

3. Za častého miešania pečieme asi 20 minút alebo do zlatista a chrumkava. Kým sú nugety ešte horúce, rozdrobte zhluky.

4. Úplne vychladnúť. Uchovávajte vo vzduchotesnej nádobe pri izbovej teplote až 1 týždeň.

BYLINKOVÉ ORECHY A CHIPOTLE

PRÍPRAVA:10 minút na pečenie: 12 minút na prípravu: 4 až 6 porcií (2 šálky)

CHIPOTLE PAPRIČKY SÚ SUŠENÉ A ÚDENÉ JALAPEÑOS.HOCI SA STALI KOMERČNE VEĽMI POPULÁRNYMI KONZERVOVANÉ V ADOBO OMÁČKE – OBSAHUJÚCEJ CUKOR, SOĽ A SÓJOVÝ OLEJ – V ICH NAJČISTEJŠEJ FORME, NIE SÚ TAM ŽIADNE INÉ ZLOŽKY AKO SAMOTNÉ ČILI. DODÁVAJÚ JEDLÁM ÚŽASNÚ KORENISTÚ ÚDENÚ CHUŤ.

- 1 vaječný bielok
- 2 polievkové lyžice extra panenského olivového oleja
- 2 lyžičky nasekaného čerstvého tymiánu
- 1 lyžička nasekaného čerstvého rozmarínu
- 1 lyžička mletého chipotle čili
- 1 lyžička nadrobno nasekanej pomarančovej kôry
- 2 šálky celých nesolených orechov (mandle, pekanové orechy, vlašské orechy a/alebo kešu orechy)

1. Predhrejte rúru na 350 °F. Vyložte plech na pečenie s rozmermi 15 x 10 x 1 palca hliníkovou fóliou; panvicu odložte.

2. Bielka vyšľaháme v strednej miske do peny. Pridajte olivový olej, tymián, rozmarín, mleté chipotle korenie a pomarančovú kôru. Šľaháme, kým sa nespojí. Pridajte orechy a premiešajte, aby sa obalili. V pripravenom pekáči rozložte vlašské orechy v jednej vrstve.

3. Za častého miešania pečieme 20 minút alebo kým orechy nie sú zlaté a chrumkavé. Ešte horúce rozdrobíme prípadné zhluky. Úplne vychladnúť.

4. Uchovávajte vo vzduchotesnej nádobe pri izbovej teplote až 1 týždeň.

PEČENÁ ČERVENÁ PAPRIKA "HUMMUS" SO ZELENINOU

PRÍPRAVA: 20 minút grilovanie: 20 minút odpočinok: 15 minút
príprava: 4 porcie

AK CHCETE, MÔŽETE TENTO CHUTNÝ DIP AŽ 3 DNI VOPRED. PRIPRAVTE PODĽA POKYNOV V KROKU 2 A POTOM PRENESTE DO SERVÍROVACEJ MISY. ZAKRYTE A NECHAJTE V CHLADNIČKE MAXIMÁLNE 2 DNI. TESNE PRED PODÁVANÍM PRIDAJTE PETRŽLENOVÚ VŇAŤ.

- 1 stredne veľká červená paprika, zbavená semienok a nakrájaná na štvrtiny
- 3 strúčiky cesnaku, olúpané
- ¼ lyžičky extra panenského olivového oleja
- ½ šálky nakrájaných mandlí
- 3 polievkové lyžice píniových oriešok
- 2 lyžice borovicového masla (viď recept)
- 1 lyžička jemne nastrúhanej citrónovej kôry
- 2 až 3 lyžice čerstvej citrónovej šťavy
- ¼ šálky nasekanej čerstvej petržlenovej vňate
- Tyčinky z čerstvej zeleniny (mrkva, paprika, uhorka, zeler a/alebo cuketa)

1. Predhrejte rúru na 425°F. Malý pekáč vysteľte hliníkovou fóliou; položte štvrtiny papriky rezmi nadol na fóliu. Umiestnite strúčiky cesnaku na malý kúsok hliníkovej fólie; pokvapkáme olivovým olejom. Okolo strúčikov cesnaku zabaľte hliníkovú fóliu. Vložte balík cesnaku do panvice so štvrtinami papriky. Papriku a cesnak grilujte 20 až 25 minút, alebo kým paprika nezuhoľnie a nebude veľmi mäkká. Balíček cesnaku položte na mriežku, aby vychladol. Zdvihnite fóliu okolo štvrtí papriky a

zložte strany, aby sa zatvorili. Nechajte stáť asi 15 minút, alebo kým nevychladne dostatočne na manipuláciu. Ostrým nožom uvoľnite okraje šupiek papriky; Opatrne odstráňte šupky na pásiky a zlikvidujte.

2. Medzitým opekajte píniové oriešky na miernom ohni 3 až 5 minút na malej panvici alebo kým nebudú jemne opečené. Mierne vychladnúť.

3. Opečené orechy preložíme do kuchynského robota. Zakryte a spracujte, kým nie je nakrájaná na drobno. Pridajte štvrtiny papriky, strúčiky cesnaku, borovicové maslo, citrónovú kôru a citrónovú šťavu. Zakryte a spracujte, až kým nebude veľmi hladká, občas zastavte, aby ste zoškrabali steny misky.

4. Vložte orechovú zmes do servírovacej misky; pridajte petržlenovú vňať. Podávame s čerstvou zeleninou na namáčanie.

IBIŠTEKOVÝ ZÁZVOROVÝ ĽADOVÝ ČAJ

PRÍPRAVA: 10-minútové odstátie: 20 minút Výťažok: 6 (8 uncí) porcií

SUŠENÉ KVETY IBIŠTEKA SÚ VEĽMI OSVIEŽUJÚCE, ČAJ S PRÍCHUŤOU KOLÁČA OBĽÚBENÝ V MEXIKU A INÝCH ČASTIACH SVETA. NAMÁČANIE SO ZÁZVOROM DODÁVA TROCHU ŠMRNC. ŠTÚDIE NAZNAČUJÚ, ŽE IBIŠTEK JE PROSPEŠNÝ PRE UDRŽANIE ZDRAVÉHO KRVNÉHO TLAKU A CHOLESTEROLU A MÁ VEĽMI VYSOKÝ OBSAH VITAMÍNU C.

- 6 šálok studenej vody
- 1 šálka sušených, nerezaných kvetov ibišteka (flor de jamaica)
- 2 lyžice olúpaného a nahrubo nastrúhaného čerstvého zázvoru
- Kocky ľadu
- Plátky pomaranča a limetky

1. Priveďte 2 šálky vody do varu. Vo veľkej miske skombinujte kvety ibišteka a zázvor. Zmes ibišteka zalejeme vriacou vodou; prikryjeme a necháme 20 minút odstáť.

2. Zmes preceďte cez jemné sitko do veľkého džbánu. Pevné látky zlikvidujte. Pridajte zvyšné 4 šálky studenej vody; dobre premiešame.

3. Čaj podávajte vo vysokých pohároch na ľade. Ozdobte plátkami pomaranča a limetky.

JAHODOVÝ MELÓN MINT AGUA FRESCA

ZAČNITE DO KONCA: 20 minút Výťažok: približne 8 porcií (10 šálok)

AGUA FRESCA ZNAMENÁ „SLADKÁ VODA" V ŠPANIELČINE, A AK SA MÔŽETE ZLEPŠIŤ VO VODE NA OCHLADENIE, TU JE. VÄČŠINA AGUAS FRESCAS OBSAHUJE PRIDANÝ CUKOR SPOLU S OVOCÍM, ALE SPOLIEHAJÚ SA IBA NA PRÍRODNÝ CUKOR V OVOCÍ. V HORÚCOM DNI NIČ NECHUTÍ LEPŠIE A JE Z NICH SKVELÝ NEALKOHOLICKÝ PÁRTY DRINK.

2 libry čerstvých jahôd, olúpaných a rozpolených
3 šálky sladkého melónu nakrájaného na kocky
6 šálok studenej vody
1 šálka čerstvých lístkov mäty, natrhaných
Šťava z 2 limetiek plus kolieska na servírovanie
Kocky ľadu
vetvičky mäty
Plátky citróna

1. Zmiešajte jahody, melón a 2 šálky vody v mixéri. Prikryjeme a rozmixujeme do hladka. Zmes preceďte cez jemné sitko do veľkej sklenenej nádoby alebo džbánu. Pevné látky zlikvidujte.

2. Zmiešajte 1 šálku lístkov mäty, citrónovú šťavu a 1 šálku vody v mixéri. Zmes preceďte cez jemné sitko do jahodovo-melónovej zmesi.

3. Pridajte 3 šálky vody. Podávajte ihneď alebo nechajte v chladničke, kým nebudete pripravené na servírovanie. Podávajte vo vysokých pohároch na ľade. Ozdobte vetvičkami mäty a kolieskami limetky.

AGUA FRESCA VODNÝ MELÓN A ČUČORIEDKY

PRÍPRAVA: 20 minút studené: 2 až 24 hodín Výťažnosť: 6 porcií

OVOCNÉ PYRÉ PRE TENTO NÁPOJ. MÔŽE SA UCHOVÁVAŤ V CHLADNIČKE OD 2 DO 24 HODÍN. JE TROCHU ODLIŠNÝ OD NIEKTORÝCH AGUAS FRESCAS V TOM, ŽE MÁ SÝTENÚ VODU ZMIEŠANÚ S OVOCÍM NA BUBLINKOVÝ NÁPOJ. URČITE SI KUPUJTE PRÍRODNE SÝTENÉ MINERÁLNE VODY, NIE „ŠUMIVÉ" ALEBO SÝTENÉ VODY, KTORÉ MAJÚ VYSOKÝ OBSAH SODÍKA.

6 šálok na kocky nakrájaného vodného melónu
1 šálka čerstvých čučoriedok
¼ šálky voľne vylisovaných lístkov čerstvej mäty
¼ šálky čerstvej citrónovej šťavy
12 uncí prírodne sýtenej minerálnej vody, chladenej
Kocky ľadu
Listy mäty
plátky limetky

1. V mixéri alebo kuchynskom robote zmiešajte kocky melónu, čučoriedky, ¼ šálky mäty a limetkovej šťavy, v prípade potreby pracujte v dávkach. Pyré do hladka. Ovocné pyré dáme do chladničky na 2 až 24 hodín.

2. Na podávanie pridajte do zmesi ovocného pyré studenú klubovú sódu. Nalejte do vysokých pohárov naplnených ľadom. Ozdobte ďalšími lístkami mäty a kolieskami limetky.

UHORKA SLADKÁ VODA

PRÍPRAVA: 15 minút Chladenie: 1 hodina Výťažok: 6 porcií

ČERSTVÁ BAZALKA MÁ PRÍCHUŤ SLADKÉHO DRIEVKA.KTORÝ SA KRÁSNE HODÍ K OVOCIU VŠETKÝCH DRUHOV, NAJMÄ K JAHODÁM, BROSKYNIAM, MARHULÁM A MELÓNOM.

- 1 veľká bezsemenná (anglická) uhorka, olúpaná a nakrájaná na plátky (asi 2 šálky)
- 1 šálka malín
- 2 zrelé marhule, vykôstkované a rozštvrtené
- ¼ šálky čerstvej citrónovej šťavy
- 1 lyžica nasekanej čerstvej bazalky
- ½ lyžičky nasekaného čerstvého tymiánu
- 2 až 3 šálky vody
- Kocky ľadu

1. V mixéri alebo kuchynskom robote zmiešajte uhorku, maliny, marhule, limetkovú šťavu, bazalku a tymian. Pridajte 2 šálky vody. Prikryjeme a rozmixujeme alebo spracujeme do hladka. V prípade potreby pridajte ďalšiu vodu, kým nedosiahnete požadovanú konzistenciu.

2. Dajte do chladničky aspoň na 1 hodinu alebo až 1 týždeň. Podávajte vo vysokých pohároch na ľade.

KOKOSOVÝ CHAI

ZAČNITE DO KONCA: 25 minút Výťažok: 5 až 6 porcií (asi 5½ šálky)

TENTO CHAI NEOBSAHUJE ČAJ.-LEN DOBRE OCHUTENÉ KOKOSOVÉ MLIEKO A KVAPKA ČERSTVEJ POMARANČOVEJ ŠŤAVY. PRE NAPENENÚ POLEVU JE MOŽNÉ NAŠĽAHAŤ ĎALŠIE KOKOSOVÉ MLIEKO A DAŤ NA VRCH KAŽDEJ PORCIE.

- 12 celých strukov kardamónu
- 10 celých badiánov
- 10 celých zubov
- 2 čajové lyžičky čierneho korenia
- 1 lyžička celého sušeného nového korenia
- 4 šálky vody
- 3 2½-palcové škoricové tyčinky
- 2 prúžky pomarančovej kôry, 2 palce dlhé a 1 palec široké
- 1 3-palcový kúsok čerstvého zázvoru, nakrájaný na tenké kruhy
- ½ lyžičky mletého muškátového orieška
- 1 15-uncová plechovka plná kokosového mlieka
- ½ šálky čerstvej pomarančovej šťavy
- 2 čajové lyžičky čistého vanilkového extraktu

1. V elektrickom mlynčeku na korenie zmiešajte struky kardamónu, badián, klinčeky, zrnká korenia a nové korenie. Pulzujte, až kým nebude veľmi hrubá. (Alebo vo veľkom uzatvárateľnom plastovom vrecku skombinujte struky kardamónu, badián, klinčeky, zrnká korenia a nové korenie. Na rozdrvenie korenia použite paličku na mäso alebo dno odolnej panvice). Presuňte korenie do stredného hrnca. .

2. V hrnci na miernom ohni zľahka opražte rozdrvené korenie za častého miešania asi 2 minúty alebo kým nebude voňavé. Nehorieť. Pridajte vodu, škoricové tyčinky, pomarančovú kôru, zázvor a muškátový oriešok. Priviesť do varu; znížiť teplo. Odkryté dusíme 15 minút.

3. Pridajte kokosové mlieko, pomarančový džús a vanilkový extrakt. Varte, kým sa neprehreje. Precedíme cez jemné sitko vystlané gázou a ihneď podávame.

POMALY PEČENÁ SVIEČKOVÁ

PRÍPRAVA:10 minút Odpočinok: 50 minút Grilovanie: 1 hodina 45 minút Príprava: 8 až 10 porcií

JE TO GRILOVANIE NA ŠPECIÁLNU PRÍLEŽITOSŤ,BYŤ SI ISTÝ. AK HO NECHÁTE VONKU PRI IZBOVEJ TEPLOTE, DOSIAHNETE DVE VECI: UMOŽNÍ KORENINÁM OKORENIŤ MÄSO PRED GRILOVANÍM A TIEŽ SKRÁTI ČAS VARENIA, ABY GRIL ZOSTAL ČO NAJJEMNEJŠÍ A ŠŤAVNATÝ. MÄSO TEJTO KVALITY BY SA NEMALO JESŤ VIAC AKO STREDNE SUROVÉ. ZVYŠKY POUŽITE V RASTLINNÝCH MÄSOVÝCH ZÁBALOCH (POZRIRECEPT).

- 1 3½ až 4 libry stredom rezanej hovädzej sviečkovice, orezanej a previazanej kuchynskou šnúrkou zo 100 % bavlny
- Extra jemný filtrovaný olivový olej
- ½ šálky stredomorského korenia (pozrirecept)
- ½ lyžičky čierneho korenia
- Olivový olej naplnený hľuzovkou (voliteľné)

1. Bravčové mäso zo všetkých strán potrieme olivovým olejom a posypeme stredomorským korením a korením. Nechajte stáť pri izbovej teplote 30 až 60 minút.

2. Predhrejte rúru na 450°F so stojanom v spodnej tretine rúry. Vyložte lemovaný plech na pečenie hliníkovou fóliou; položte na plech mriežku.

3. Mäso položte na mriežku do plechu na pečenie. Pražíme 15 minút. Znížte teplotu rúry na 250°F. Pečte ešte 1¾ až 2½ hodiny alebo kým vnútorná teplota nedosiahne 135°F pre strednú prepečenie. Vyberte z rúry; obchod s palcátom Mäso necháme 20 až 30 minút odpočívať. Odstráňte reťaz. Mäso nakrájajte na ⅓-palcové plátky. Ak chcete, mäso jemne pokvapkajte hľuzovkovým olejom.

VZÁCNY MÄSOVÝ ŠALÁT NA VIETNAMSKÝ SPÔSOB

PRÍPRAVA:40 minút mrazenie: 45 minút chladenie: 15 minút odpočinok: 5 minút príprava: 4 porcie

HOCI PROCES VARENIAPRETOŽE MÄSO ZAČÍNA VO VRIACEJ ANANÁSOVEJ ŠŤAVE, KONČÍ V STUDENEJ CITRÓNOVO-ANANÁSOVEJ ZMESI. KYSELINA V TÝCHTO ŠŤAVÁCH POKRAČUJE V „VARENÍ" MÄSA BEZ TEPLA; PRÍLIŠ VEĽA MÔŽE ZNIČIŤ CHUŤ A JEMNOSŤ.

HOVÄDZIE MÄSO
  1 libra hovädzej sviečkovice
  4½ šálky 100% ananásovej šťavy
  1 šálka čerstvej citrónovej šťavy
  ¼ červenej cibule, nakrájanej na veľmi tenké plátky
  ¼ bielej cibule, nakrájanej na veľmi tenké plátky
  ½ šálky nakrájané na tenké plátky
  ½ šálky nahrubo nasekaného čerstvého koriandra
  ½ šálky nahrubo nasekanej čerstvej mäty
  ½ šálky nahrubo nasekanej čerstvej thajskej bazalky (pozriPoznámka)
  Makadamiový dip (pozri recept vpravo)

ŠALÁT
  8 listov ľadového šalátu
  2 polievkové lyžice nasekaných kešu, opečených (viďstopa)
  1 thajské vtáčie chilli, nakrájané na veľmi tenké plátky (viďstopa) (voliteľné)
  1 lyžica sezamových semienok
  Čierne korenie

čerstvé vetvičky koriandra (voliteľné)
limetkové kliny (voliteľné)

1. Mäso zmrazte asi na 45 minút alebo do čiastočného zmrazenia. Veľmi ostrým nožom nakrájajte mäso na plátky tenké ako papier. Zahrejte 4 šálky ananásovej šťavy vo veľkom hrnci, kým nezovrie. Znížte teplotu, aby šťava zostala vrieť. Mäso blanšírujte v malých množstvách v dusiacej sa šťave niekoľko sekúnd (mäso by malo byť dosť zriedkavé). Otraste prebytočnú tekutinu a vložte mäso do strednej misky. Mäso ochlaďte 15 až 20 minút v chladničke, aby mierne vychladlo.

2. Pridajte 1 šálku limetkovej šťavy a zvyšnú ½ šálky ananásovej šťavy k mäsu v miske. Mäso nechajte „variť" v šťave 5 až 10 minút pri izbovej teplote alebo do želaného prepečenia. Scedíme a vytlačíme prebytočnú tekutinu z mäsa a preložíme do veľkej misy. Pridajte červenú cibuľu, bielu cibuľu, tekvicu, koriander, mätu a bazalku; miešať, aby sa spojilo. Mäsovú zmes zalejeme makadamiovou omáčkou; hodiť do krytu

3. Na zostavenie šalátov položte na každý tanier 2 listy šalátu. Mäsovú zmes rozdeľte na taniere vyložené šalátom. Posypte kešu orieškami, thajským čili (ak chcete), sezamovými semienkami a čiernym korením podľa chuti. Ak chcete, ozdobte vetvičkami koriandra a podávajte s kúskami limetky.

Makadamiová omáčka: V malej nádobe s tesne priliehajúcim viečkom zmiešajte ¼ šálky makadamového oleja, 1 polievkovú lyžicu čerstvej citrónovej šťavy, 1 polievkovú lyžicu ananásovej šťavy a ¼ až ½ čajovej lyžičky drvenej červenej papriky. Prikryte a dobre pretrepte.

DUSENÉ MEXICKÉ PRSIA S MANGOM, JICAMOU, ČILI A ŠALÁTOM Z PEČENEJ TEKVICE

PRÍPRAVA: 20 minút marinovať: variť cez noc: 3 hodiny odpočívať: 15 minút pripraviť: 6 porcií

HRUDNÍK MARINUJTE CEZ NOCV ZMESI PARADAJOK, CHIPOTLE PAPRÍK A MEXICKÉHO KORENIA MU DODÁVA NEUVERITEĽNÚ CHUŤ A JEMNOSŤ. NEZABUDNITE MARINOVAŤ V NEREAKTÍVNOM HRNCI, AKO JE NEHRDZAVEJÚCA OCEĽ ALEBO SMALTOVANÁ LIATINA. HLINÍK REAGUJE S KYSLÝMI PRÍSADAMI, AKO SÚ PARADAJKY A MÔŽE VYTVÁRAŤ ARÓMY, A TO JE TIEŽ ZLÝ NÁPAD ZO ZDRAVOTNÝCH DÔVODOV (POZRI"ODSTRÁNIŤ HLINÍK").

SUKŇA
- 1 3 kilový hrudník
- 2 šálky vývaru z hovädzích kostí (viď recept) alebo hovädzí vývar bez pridania soli
- 1 15-uncová plechovka drvených paradajok bez pridania soli
- 1 šálka vody
- 1 sušený chipotle alebo ancho chile, nakrájaný na plátky
- 2 čajové lyžičky mexického korenia (viď recept)

ŠALÁT
- 1 zrelé mango, olúpané a vykôstkované
- 1 jicama, olúpaná a zbavená julien
- 3 lyžice zelených tekvicových semienok, opražených*
- ½ jalapeno, zbaveného kôstok a nakrájaného nadrobno (pozri stopa)

1 až 2 polievkové lyžice nasekaného čerstvého koriandra
3 lyžice čerstvej citrónovej šťavy
1 lyžica extra panenského olivového oleja
Plátky citróna

1. Odrežte prebytočný tuk z pŕs. Vložte do nerezovej alebo smaltovanej holandskej rúry. Pridajte vývar z hovädzích kostí, nescedené paradajky, vodu, chipotle korenie a mexické korenie. Prikryte a nechajte cez noc v chladničke.

2. Holandskú rúru umiestnite na vysokú teplotu; priviesť do varu. Znížte teplotu a dusíme prikryté 3 až 3½ hodiny alebo do mäkka. Vyberte z rúry, odokryte a nechajte 15 minút odpočívať.

3. Medzitým nakrájajte olúpané mango na ¼ palca hrubé plátky na šalát. Každý plátok nakrájajte na 3 prúžky. V strednej miske kombinujte mango, jicama, tekvicové semienka, jalapeno a koriandr. V malej miske rozšľaháme citrónovú šťavu a olivový olej; pridajte do šalátu a premiešajte; odložiť.

4. Premiestnite mäso na reznú dosku; rez mäso cez zrno. Ak chcete, pokvapkajte mäso trochou šťavy z varenia. Mäso podávame so šalátom. Ozdobíme kolieskami limetky.

*Tip: Ak chcete opražiť jemne nasekané orechy a semienka, rozložte ich na malej suchej panvici a zohrejte na strednom ohni do zlatista. Často miešame, aby sa nepripálili.

RÍMSKY ŠALÁT WRAPS S STRÚHANÝM HOVÄDZÍM HRUDNÍKOM A ČERSTVÝM ČERVENÝM ČILI HARISSOU

PRÍPRAVA: 20 minút grilovanie: 4 hodiny odpočinok: 15 minút príprava: 6 až 8 porcií

HARISSA JE HORÚCA OMÁČKA Z TUNISKA POUŽÍVANÁ AKO KORENIE NA GRILOVANÉ MÄSO A RYBY A DO DUSENÉHO MÄSA AKO KORENIE. KAŽDÝ KUCHÁR MÁ SVOJU VLASTNÚ VERZIU, NO OKREM ČILI OBSAHUJE TAKMER VŽDY RASCU, RASCU, CESNAK, KORIANDER A OLIVOVÝ OLEJ.

SUKŇA
- 1 hovädzia hruď, 3 až 3 ½ libry
- 2 čajové lyžičky mletého ancho čili
- 1 lyžička cesnakového prášku
- 1 lyžička cibuľového prášku
- 1 lyžička mletého kmínu
- ¼ šálky extra panenského olivového oleja
- 1 šálka vývaru z hovädzích kostí (viď recept) alebo hovädzí vývar bez pridania soli

HARISSA
- 1 lyžička semien koriandra
- 1 lyžička rasce
- ½ lyžičky rascových semien
- 8 až 10 červených čili papričiek Fresno, červených anaheimských čili alebo červených jalapeňos, olúpaných, zbavených semienok (ak je to potrebné) a nasekaných (pozri stopa)
- 3 strúčiky cesnaku nakrájané nadrobno

listy rímskeho šalátu

1. Predhrejte rúru na 300°F. Odstráňte prebytočný tuk z hrude. V malej miske zmiešajte mleté ancho čili, cesnakový prášok, cibuľový prášok a rascu. Mäso posypte zmesou korenia; vtierať do mäsa.

2. V 5 až 6 litrovej holandskej rúre zohrejte 1 lyžicu olivového oleja na stredne vysokú teplotu. Na rozpálenom oleji opečieme prsia z oboch strán; vyberte holandskú rúru z tepla. Pridajte vývar z hovädzích kostí. Prikryte a pečte 4 až 4 ½ hodiny alebo kým mäso nezmäkne.

3. Medzitým kombinujte koriandrové semienka, rascu a rascu v malom hrnci harissa. Položte panvicu na strednú teplotu. Semená grilujte asi 5 minút alebo kým nebudú voňavé, pričom panvicou často potriasajte; necháme vychladnúť. Na mletie opečených semienok použite mlynček na korenie alebo mažiar. V kuchynskom robote zmiešajte zmes mletých semien, čerstvé čili, cesnak a zvyšné 3 lyžice olivového oleja. Spracujte do hladka. Preneste do misky; prikryjeme a dáme do chladničky aspoň na 1 hodinu.

4. Vyberte holandskú rúru z rúry. Nechajte pôsobiť 15 minút. Premiestnite mäso na reznú dosku; rez mäso cez zrno. Položte na servírovací tanier a pokvapkajte trochou tekutiny na varenie. Na servírovanie naplňte listy rímskeho šalátu nakrájaným prsným mäsom; prikryť harissou.

VYPRAZANE OKRUHLE OKO NA BYLINKOVEJ KRUSTE S ROZTLACENOU KORENOVOU ZELENINOU A CHLEBOVOU OMACKOU

PRIPRAVA: 25 minút Varenie: 25 minút Grilovanie: 40 minút
Odpočinok: 10 minút Príprava: 6 porcií

NEZABUDNITE SI ICH VSETKY ULOZIT VRIACOU VODOU PRI VYPUSTANI ZELENINY. VYHRADENA VODA SA POUZIVA AKO DO DRVENEJ KORENOVEJ ZELENINY, TAK AJ DO OMACKY K MÄSU.

OPEKACKA
- ½ šálky tesne zabalenej čerstvej petržlenovej vňate
- ¼ šálky nasekaného čerstvého tymiánu
- 1 lyžica mletého čierneho korenia
- 2 čajové lyžičky jemne nasekanej citrónovej kôry
- 4 strúčiky cesnaku, olúpané
- 4 polievkové lyžice extra panenského olivového oleja
- 1 oko z 3 libry okrúhlej pečienky
- 2 lyžice dijonskej horčice (viď recept)

CHLEBOVA OMACKA
- 1 šálka nakrájanej cibule
- 1 šálka nakrájaných húb
- 1 bobkový list
- ¼ šálky suchého červeného vína
- 1 šálka vývaru z hovädzích kostí (viď recept) alebo hovädzí vývar bez pridania soli
- 1 lyžica extra panenského olivového oleja

2 čajové lyžičky sherry alebo balzamikového octu

1 recept na jemne nakrájané hľuzy (pozri recept, nižšie)

1. Rošt rúry umiestnite do spodnej tretiny rúry. Predhrejte rúru na 400 °F. V kuchynskom robote zmiešajte petržlenovú vňať, tymian, korenie, citrónovú kôru, strúčiky cesnaku a 2 polievkové lyžice olivového oleja. Pulzujte, kým nie je cesnak nasekaný nahrubo. Cesnakovú zmes odložíme bokom.

2. Zvyšné 2 lyžice olivového oleja zohrejte na stredne silnom ohni v stredne veľkom pekáči alebo extra veľkom pekáči. Pridajte braai a smažte, kým nezhnedne zo všetkých strán, asi 4 minúty na každej strane. Odstráňte pečené hovädzie mäso z panvice; vyberte panvicu z horáka. Na gril natrieme horčicu na spôsob Dijon. Posypte cesnakovou zmesou na grile, stlačte, aby priľnula. Vráťte pečienku do panvice. Pečte odkryté 40 až 45 minút alebo kým teplomer na mäso vložený do stredu pečenia nezaznamená 130 °F až 135 °F. Položte mäso na reznú dosku; voľný stan s hliníkovou fóliou. Pred krájaním nechajte 10 minút odpočívať.

3. Medzitým položte gril alebo panvicu na sporák, aby ste získali omáčku. Zahrejte na stredne vysoké teplo. Pridajte cibuľu, huby a bobkový list; varte a miešajte asi 5 minút alebo kým cibuľa nie je priehľadná. Pridajte víno; varte asi 2 minúty alebo kým sa víno takmer neodparí, pričom zo dna panvice zoškrabte všetky hnedé kúsky. Pridajte 1 šálku odloženého zeleninového vývaru a vývar z hovädzích kostí. Priviesť do varu; znížiť teplo. Dusíme odkryté, kým sa vývar nezredukuje na asi 1 šálku, asi 4 minúty za občasného miešania.

4. Preceďte vývar cez jemné sitko do veľkej odmerky; tuhé látky zlikvidujte. Do omáčky zašľaháme olivový olej a ocot. Podávajte

pečené hovädzie mäso s jemne nasekanou koreňovou zeleninou; pokvapkáme omáčkou.

Nastrúhaná koreňová zelenina: Vo veľkej panvici zmiešajte 3 stredné mrkvy, ošúpané a nahrubo nakrájané; 3 stredné paštrnáky, olúpané a nahrubo nasekané; 2 stredné repy, olúpané a nahrubo nasekané; 1 veľký sladký zemiak, ošúpaný a nahrubo nasekaný; a 2 vetvičky čerstvého rozmarínu. Pridajte toľko vody, aby bola zelenina zakrytá. Priviesť do varu; znížiť teplo. Prikryté dusíme 15 až 20 minút alebo kým zelenina nezmäkne. Zeleninu sceďte, vodu na varenie si odložte. Rozmarín zlikvidujte. Vráťte zeleninu do panvice. Rozdrvte drvičom na zemiaky alebo elektrickým mixérom, pokvapkajte trochou odloženej vody na varenie, kým nedosiahnete požadovanú konzistenciu (zvyšnú vodu zo zeleniny si odložte na omáčku na panvici). Dochutíme červenou paprikou.

HOVÄDZIA ZELENINOVÁ POLIEVKA S PEČENÝM PESTOM Z ČERVENEJ PAPRIKY

PRÍPRAVA:40 minút varenie: 1 hodina 25 minút odpočinok: 20 minút príprava: 8 porcií

PAPRIKA ÚDENÁ, NAZÝVANÁ AJ PAPRIKA- JE ŠPANIELSKA PAPRIKA VYROBENÁ SUŠENÍM PAPRIKY NA OHNI Z ÚDENÉHO DUBA, ČO JEJ DODÁVA ÚŽASNÚ CHUŤ. DODÁVA SA V TROCH VARIANTOCH: DULCE Y MILDO (SLADKÉ), STREDNE PÁLIVÉ (SLADKÉ A KYSLÉ) A PÁLIVÉ (PIKANTNÉ). VYBERTE SI PODĽA SVOJHO VKUSU.

- 1 lyžica extra panenského olivového oleja
- 2 libry vykosteného pečeného mäsa, zbaveného prebytočného tuku a nakrájaného na 1-palcové kocky
- 1 šálka nakrájanej cibule
- 1 šálka nakrájanej mrkvy
- 1 šálka nakrájaného zeleru
- 1 šálka nasekaného paštrnáka
- 1 šálka nakrájaných čerstvých húb
- ½ šálky repy nakrájanej na kocky
- ½ lyžičky údenej papriky
- ½ lyžičky sušeného rozmarínu, nasekaného
- ½ lyžičky drveného kajenského korenia
- ½ šálky suchého červeného vína
- 8 šálok vývaru z hovädzích kostí (viď<u>recept</u>) alebo hovädzí vývar bez pridania soli
- 2 šálky čerstvých paradajok nakrájaných na kocky
- 1 bobkový list

1 šálka na kocky nakrájaných sladkých zemiakov alebo tekvice
2 šálky nastrúhaných listov kelu alebo zelenej kapusty
¾ šálky cukety nakrájanej na kocky alebo žltej letnej tekvice
¾ šálky nakrájanej špargle
¾ šálky veľmi malých ružičiek karfiolu
pesto z červenej papriky (viď recept, nižšie)

1. V 6 až 8 litrovej holandskej rúre zohrejte olivový olej na stredne vysokú teplotu. Pridajte polovicu mäsa do horúceho oleja v panvici; varte 5 až 6 minút alebo kým zo všetkých strán dobre nezhnednú. Vyberte mäso z panvice. Opakujte so zvyšným mäsom. Teplotu upravte podľa potreby, aby sa hnedé kúsky na dne hrnca nepripálili.

2. Pridajte cibuľu, mrkvu, zeler, paštrnák, šampiňóny a repu do holandskej rúry. Znížte teplo na stredné. Varte a miešajte 7 až 8 minút alebo kým nebude zelenina chrumkavá, pričom všetky zhnednuté kúsky zoškrabte drevenou lyžicou. Pridajte papriku, rozmarín a drvenú červenú papriku; varíme a miešame 1 minútu. Pridajte víno; varíme na miernom ohni, kým sa takmer neodparí. Pridajte vývar z hovädzích kostí, paradajky, bobkový list a opečené hovädzie mäso a všetky nahromadené šťavy. Priviesť do varu; znížiť teplo. Prikryté dusíme asi 1 hodinu alebo kým mäso a zelenina nezmäknú. Pridajte hranolky a kel; dusíme 20 minút. Pridáme cuketu, špargľa a karfiol; varte asi 5 minút alebo do chrumkava. Odstráňte a zlikvidujte bobkový list.

3. Na servírovanie nalejte polievku do misiek a posypte pestom z červenej papriky.

Pesto z červenej papriky: Predhrejte na rošte pečené kura v hornej tretine rúry. Na plech vystlaný alobalom položte 3 červené papriky. Povrch paprík potrieme 1 polievkovou lyžicou extra panenského olivového oleja. Papriku grilujte 10 až 15 minút alebo kým šupka nestmavne a nepľuzgiere a paprika nezmäkne, v polovici pečenia otočte. Papriky preložíme do veľkej misy. Misku zakryte plastovým obalom. Nechajte stáť asi 20 minút alebo kým nevychladne. Odstráňte semená, stonky a kožu z paprík a zlikvidujte ich. Papriky nakrájame na kúsky. V kuchynskom robote rozdrvte ½ šálky čerstvej petržlenovej vňate, ¼ šálky nakrájaných mandlí a 3 strúčiky cesnaku, až kým nebude jemne nasekaná. Pridajte pečenú papriku, 2 lyžice extra panenského olivového oleja, 1 lyžicu nadrobno nakrájanej pomarančovej kôry, Pridajte 2 lyžičky balzamikového alebo sherry octu a papriku a červenú papriku podľa chuti. Pulzujte na jemno nakrájané, ale nie tekuté. V prípade potreby pridajte ešte 1 lyžicu olivového oleja, aby ste dosiahli požadovanú konzistenciu. Premiestnite do vzduchotesnej nádoby. Zakryte a nechajte vychladnúť, kým nebudete pripravené na podávanie.

POMALY VARENÝ SLADKÝ A SLANÝ HOVÄDZÍ GULÁŠ

PRÍPRAVA: 25 minút varenie: 6 minút odpočinok: 10 minút pomalé varenie: 9 hodín (nízke) alebo 4½ hodiny (vysoké) + 15 minút (vysoké) Výťažok: 4 porcie

SLADKOSŤ V TOMTO VÝDATNOM GULÁŠIPOCHÁDZA Z MALÉHO MNOŽSTVA SUŠENÝCH MARHÚĽ A SUŠENÝCH ČEREŠNÍ. HĽADAJTE SUŠENÉ OVOCIE BEZ SOLI A CUKRU NA AKOMKOĽVEK TRHU S CELÝMI POTRAVINAMI.

- 1½ libry vykostenej hovädzej pečienky alebo vykostenej hovädzej pečene
- 2 lyžice rafinovaného kokosového oleja
- 1 šálka vriacej vody
- ½ šálky sušených húb shiitake
- 1 šálka ošúpanej alebo mrazenej čerstvej perlovej cibule, ak je veľká, na polovicu
- 3 stredné paštrnáky, pozdĺžne rozpolené a priečne nakrájané na 2-palcové kúsky
- 3 stredné mrkvy, pozdĺžne rozpolené a priečne nakrájané na 2-palcové kúsky
- 6 strúčikov cesnaku, nakrájaných na tenké plátky
- 1 bobkový list
- 1 lyžička sušenej šalvie alebo tymiánu alebo 1 lyžica nasekanej čerstvej šalvie alebo tymiánu
- 2½ šálky vývaru z hovädzích kostí (pozri<u>recept</u>) alebo hovädzí vývar bez pridania soli
- 4 šálky čerstvého mangoldu alebo kelu, nahrubo nasekaného
- ½ šálky suchého červeného vína

- 2 polievkové lyžice nasekaných nesolených a nesladených sušených marhúľ
- 2 polievkové lyžice sušených nesírených alebo nesladených čerešní

1. Odrežte tuk z hovädzieho mäsa. Hovädzie mäso nakrájajte na 1½-palcové kúsky. Zahrejte 1 polievkovú lyžicu kokosového oleja na stredne vysokej teplote vo veľkej panvici. Pridajte hovädzie mäso; varte 5 až 7 minút alebo do zhnednutia za občasného miešania. Pomocou štrbinovej lyžice prenste mäso do 3½ alebo 4-litrového pomalého hrnca. Opakujte so zvyšným kokosovým olejom a hovädzím mäsom. Ak chcete, zoškrabte šťavu z panvice do duseného mäsa s hovädzím mäsom.

2. Medzitým zmiešajte vriacu vodu a sušené huby v malej miske. Súbor; necháme 10 minút postáť. Huby sceďte, namáčaciu tekutinu si nechajte. Opláchnite huby; Huby nasekáme nahrubo a pridáme do duseného mäsa s hovädzím mäsom. Namáčaciu tekutinu nalejte cez jemné sitko do pomalého hrnca.

3. Pridajte cibuľu, paštrnák, mrkvu, cesnak, bobkový list a sušenú šalviu alebo tymian (ak používate). Všetko zalejeme vývarom z hovädzích kostí. Súbor; varte pri nízkej teplote 9 až 10 hodín alebo pri vysokej teplote 4½ až 5 hodín.

4. Vyberte a zlikvidujte bobkový list. Na dusenie na varnej doske pridajte Snybyt, víno, marhule, čerešne a čerstvú šalviu alebo tymian (ak používate). Ak používate nastavenie nízkej teploty, prepnite na nastavenie vysokej teploty. Súbor; varíme ďalších 15 minút. Na servírovanie nalejte do horúcich servírovacích misiek.

GRILOVANÝ FLANK STEAK S RUŽIČKOVÝM KELOM A ČEREŠŇAMI

PRÍPRAVA: 20 minút varenie: 20 minút príprava: 4 porcie

3 lyžice rafinovaného kokosového oleja
1½ libry ružičkového kelu, orezaného a nakrájaného na štvrtiny
½ šálky nakrájanej šalotky
1½ šálky čerstvých vykôstkovaných čerešní
1 lyžička nasekaného čerstvého tymiánu
1 lyžica balzamikového octu
1½ libry hovädzieho steaku
1 polievková lyžica nasekaného čerstvého rozmarínu
2 lyžice nasekaného čerstvého tymiánu
½ lyžičky čierneho korenia

1. Vo veľkej panvici zohrejte 2 polievkové lyžice kokosového oleja na strednom ohni. Pridajte ružičkový kel a šalotku. Varte prikryté 15 minút za občasného miešania. Pridajte čerešne a tymian a miešajte, aby ste zo spodnej časti panvice zoškrabali všetky hnedé kúsky. Varte odkryté asi 5 minút alebo kým ružičkový kel nie je zlatohnedý a mäkký. Pridajte ocot; odstráňte panvicu z tepla.

2. Nakrájajte flank steak na štyri porcie; posypte obe strany každého steaku rozmarínom, tymianom a korením. Zahrejte 1 polievkovú lyžicu kokosového oleja na stredne vysokej teplote v extra veľkej panvici. Pridajte steaky na panvicu; varte 8 až 10 minút, alebo kým teplomer s okamžitým odčítaním nezaznamená 145 °F

pre strednú teplotu, pričom v polovici varenia raz prevrátite.

3. Steaky nakrájajte pozdĺž zrna a podávajte s ružičkovým kelom a čerešňami.

ÁZIJSKÁ STEAKOVÁ POLIEVKA

PRÍPRAVA: 35 minút varenie: 20 minút príprava: 6 až 8 porcií

- 1½ libry hovädzieho steaku
- 2 polievkové lyžice extra panenského olivového oleja
- 1 libra shiitake húb, olúpaných a nakrájaných na plátky
- 1 zväzok pažítky, nakrájanej na tenké plátky
- 2 šálky nasekaného bok choy
- 1 šálka na tenké plátky nakrájanej mrkvy
- 6 veľkých strúčikov cesnaku, jemne nasekaných (1 polievková lyžica)
- 1 lyžica nasekaného čerstvého zázvoru
- 1 lyžička čierneho korenia
- 8 šálok vývaru z hovädzích kostí (viď <u>recept</u>) alebo hovädzí vývar bez pridania soli
- 1 list riasy nori, rozdrvený
- 1 šálka na tenké plátky nakrájanej reďkovky daikon
- ⅓ šálky čerstvej citrónovej šťavy
- 4 natvrdo uvarené vajcia, olúpané a rozpolené
- Plátky citróna

1. Ak chcete, mäso čiastočne zmrazte, aby ste ho ľahšie krájali (asi 20 minút). Flank steak rozrežte pozdĺžne na polovicu a potom každú polovicu nakrájajte na tenké prúžky pozdĺž zrna. Prúžky prerežte na polovicu. V 6-litrovej holandskej rúre zohrejte 1 polievkovú lyžicu olivového oleja na stredne vysokú teplotu. Pridajte polovicu steaku z boku; varte asi 3 minúty alebo kým dobre nezhnedne, za občasného miešania. Odstráňte mäso z panvice; zopakujte so zvyšným olivovým olejom

a flank steakom. Vyberte steak z holandskej rúry a odložte.

2. Znížte teplo na stredné; Do holandskej rúry pridajte huby shiitake, cibuľku, bok choy, mrkvu, cesnak a korenie. Varte 5 minút za častého miešania. Pridajte flank steak, vývar z hovädzích kostí a rozdrvené morské riasy do holandskej rúry. Priviesť do varu; znížiť teplo. Dusíme prikryté asi 5 minút alebo kým mrkva nezmäkne.

3. Do polievky pridajte reďkovku daikon, limetkovú šťavu a natvrdo uvarené vajcia. Polievku necháme zovrieť. Okamžite uhaste oheň. Polievku podávajte v horúcich servírovacích miskách. Ozdobíme kolieskami limetky.

RESTOVANÝ FLANK STEAK SO SEZAMOVOU RYŽOU A KARFIOLOM

OD ZAČIATKU DO KONCA: 1 HODINA VÝŤAŽOK: 4 PORCIE

1½ libry hovädzieho steaku
4 šálky nakrájaného karfiolu
2 polievkové lyžice sezamových semienok
2 čajové lyžičky rafinovaného kokosového oleja
¾ lyžičky mletej červenej papriky
¼ šálky nasekaného čerstvého koriandra
3 polievkové lyžice kokosového oleja
½ šálky nakrájané na tenké plátky
1 lyžica strúhaného čerstvého zázvoru
6 strúčikov cesnaku, jemne nasekaných (1 polievková lyžica)
1 polievková lyžica čerstvej citrónovej trávy nakrájanej na tenké plátky
2 červené, zelené a/alebo žlté papriky zbavené kôstok a nakrájané na prúžky
2 šálky malých ružičiek brokolice
½ šálky vývaru z hovädzích kostí (pozri recept) alebo hovädzí vývar bez pridania soli
¼ šálky čerstvej citrónovej šťavy
Nakrájaná pažítka (voliteľné)
mletá červená paprika (voliteľné)

1. Ak chcete, flank steak čiastočne zmrazte, aby ste ho ľahšie krájali (asi 20 minút). Steak prekrojte pozdĺžne na polovicu; Každú polovicu nakrájajte na tenké plátky cez zrno na prúžky. Prúžky mäsa odložíme bokom.

2. Na karfiolovú ryžu rozmixujte v kuchynskom robote 2 šálky karfiolu, kým kúsky nebudú mať veľkosť ryže; preneste do strednej misky. Opakujte so zvyšnými 2 šálkami karfiolu. Sezamové semienka opekajte na miernom ohni asi 2 minúty alebo do zlatista vo veľkej panvici. Pridajte 2 čajové lyžičky kokosového oleja a ¼ čajovej lyžičky drvenej červenej papriky; varte 30 sekúnd. Pridajte karfiolovú ryžu a koriandr na panvicu; odstrániť. Znížte teplo; varte prikryté 6 až 8 minút alebo kým karfiol nezmäkne. Ostať teplý.

3. Zohrejte 1 lyžicu kokosového oleja na stredne vysokej teplote v extra veľkej panvici. Pridajte polovicu hovädzích pásikov; povaríme a miešame do želaného prepečenia. Vyberte mäso z panvice. Opakujte s 1 polievkovou lyžicou zvyšného kokosového oleja a zvyšnými prúžkami mäsa; mäso odložte. Odkvapkávacia panvica.

4. Zohrejte zvyšnú lyžicu kokosového oleja v tej istej panvici na stredne vysokej teplote. Na panvicu pridajte cibuľovú cibuľku, zázvor, cesnak, citrónovú trávu a zvyšnú ½ čajovej lyžičky drvenej červenej papriky; varíme a miešame 30 sekúnd. Do panvice pridajte papriku, brokolicu a hovädzí vývar. Varte asi 5 minút, alebo kým brokolica nezmäkne, za občasného miešania. Pridajte mäso a citrónovú šťavu; varte ešte 1 minútu. Podávame na karfiolovej ryži. Ak chcete, pridajte ďalšiu pažítku a/alebo drvenú červenú papriku.

PLNENÝ FLANK STEAK S OMÁČKOU CHIMICHURRI

PRÍPRAVA:30 minút grilovanie: 35 minút státie: 10 minút
príprava: 4 porcie

- 1 stredný sladký zemiak, olúpaný (asi 12 uncí)
- 1 lyžica extra panenského olivového oleja
- 6 strúčikov cesnaku, jemne nasekaných (1 polievková lyžica)
- 2 čajové lyžičky extra panenského olivového oleja
- 1 5-uncové balenie čerstvého baby špenátu
- 1½ libry steak z boku
- 2 lyžičky mletého čierneho korenia
- 2 polievkové lyžice extra panenského olivového oleja
- ½ šálky chimichurri omáčky (pozri recept)

1. Predhrejte rúru na 400 °F. Veľký plech vystelieme papierom na pečenie. Pomocou mandolíny nakrájajte sladké zemiaky pozdĺžne na plátky hrubé asi ⅛ palca. V strednej miske premiešajte plátky sladkých zemiakov s 1 lyžicou oleja. Plátky poukladáme do rovnomernej vrstvy na pripravený plech. Restujeme asi 15 minút alebo do mäkka. Odložíme nabok vychladnúť.

2. Medzitým zmiešajte cesnak a 2 čajové lyžičky olivového oleja na extra veľkej panvici odolnej voči rúre. Varte na miernom ohni asi 2 minúty alebo kým cesnak nie je mierne rozvarený, ale nezhnedne, za občasného miešania. Pridajte špenát na panvicu; varíme do zmäknutia. Špenát položte na tanier, aby vychladol; panvicu odložte.

3. Zaistite obe strany steaku tak, že urobíte plytké diagonálne rezy vzdialené od seba asi 1 palec do kosoštvorcového vzoru. Umiestnite flank steak medzi dva kusy plastového obalu. Plochou stranou paličky na mäso naklepte steak, kým nebude hrubý asi ½ palca. Z uvareného špenátu vytlačte prebytočnú tekutinu a rovnomerne položte na steak. Navrch poukladáme sladké zemiaky, plátky podľa potreby prekrývame. Začnite od jednej dlhšej strany a zrolujte bok steak. Zviažte zrolovaný steak v 1-palcových intervaloch kuchynským špagátom zo 100% bavlny. Posypeme mletým čiernym korením.

4. Pridajte 2 polievkové lyžice oleja na panvicu, v ktorej sa špenát varí. Pridajte mäso na panvicu; varíme do zhnednutia zo všetkých strán, pričom mäso podľa potreby obraciame, aby sa rovnomerne zapekalo. Vložte panvicu s mäsom do rúry. Grilujte nezakryté 20 až 25 minút alebo kým teplomer na mäso vložený do stredu neukáže 145 °F.

5. Vyberte mäso z panvice a prikryte hliníkovou fóliou. Nechajte pôsobiť 10 minút. Odstráňte lano z kuchyne; mäso nakrájame priečne na ½ palca hrubé plátky. Podávame s omáčkou Chimichurri.

GRILOVANÉ FLANK STEAKOVÉ ŠPÍZY S CHRENOVOU MAJONÉZOU

PRÍPRAVA:30 minút Marinovanie: 2-4 hodiny Grilovanie: 48 minút Príprava: Podáva 4

- 1½ libry hovädzieho steaku
- 1 šálka suchého červeného vína
- ½ šálky olivového oleja
- ¼ šálky nakrájanej šalotky
- 9 strúčikov cesnaku, jemne nasekaných (1 polievková lyžica)
- 2 lyžice nasekaného čerstvého rozmarínu
- 2 stredné sladké zemiaky, olúpané a nakrájané na 1-palcové kocky
- 2 stredné repy, olúpané a nakrájané na 1-palcové kocky
- ½ lyžičky čierneho korenia
- ¾ šálky Paleo Mayo (pozri recept)
- 2 až 3 lyžice strúhaného čerstvého chrenu
- 1 lyžica nasekanej čerstvej pažítky

1. Nakrájajte flank steak proti zrnu na ¼ palca hrubé plátky. Vložte mäso do 1-litrového uzatvárateľného plastového vrecka do plytkej misky; odložiť.

2. Na marinádu zmiešajte v malej miske červené víno, ¼ šálky oleja, šalotku, 6 nasekaných strúčikov cesnaku a 1 polievkovú lyžicu rozmarínu. Marinádou polejeme mäso vo vrecúšku. Vrecko uzavrite a otočte, aby sa mäso obalilo. Marinujte v chladničke 2 až 4 hodiny, pričom vrecko občas otočte.

3. Medzitým, čo sa týka zeleniny, kombinujte sladké zemiaky a repu vo veľkej mise. V malej miske zmiešajte zvyšnú ¼ šálky olivového oleja, 3 pretlačené strúčiky cesnaku, zvyšný rozmarín a korenie. Pokvapkajte zeleninu; hodiť do krytu Zložte kus ťažkej fólie s rozmermi 36 x 18 palcov na polovicu, aby ste vytvorili fóliu s dvojnásobnou hrúbkou s rozmermi 18 x 18 palcov. Umiestnite zakrytú zeleninu do stredu fólie; nadvihnite protiľahlé strany fólie a zalepte dvojitým záhybom. Prehnite zvyšné okraje, aby ste zeleninu úplne uzavreli a ponechali priestor na zhromažďovanie pary.

4. Pri grile na drevené uhlie alebo plynovom grile položte alobalový balíček zeleniny na gril priamo na strednom ohni. Prikryte a pečte 40 minút, alebo kým zelenina nezmäkne, v polovici pečenia raz otočte. Odstráňte z grilu. Nechajte odležať, kým budete grilovať steakové špízy.

5. V malej miske zmiešajte Paleo Mayo, chren a pažítku. Odložte bokom. Steak z boku sceďte; zlikvidujte marinádu. Navlečte steakovú harmoniku na dvanásť 12- až 14-palcových* kovových alebo bambusových špajlí. Umiestnite steakové špízy na gril priamo na strednú teplotu. Prikryte a grilujte 8 až 9 minút, pričom v polovici varenia otočte špízy.

6. Opatrne otvorte balíček zeleniny a nalejte do veľkej servírovacej misy. Steakové špízy a zeleninu podávajte s chrenovou majonézou.

*Poznámka: Ak používate bambusové tyčinky, pred pridaním mäsa ich namočte na 30 minút do vody, aby ste zabránili spáleniu.

NA VÍNE DUSENÉ HOVÄDZIE STEAKY S HUBAMI

PRÍPRAVA:10 minút varenie: 30 minút pečenie: 1 hodina 45 minút príprava: 2 porcie

EKONOMICKOU MOŽNOSŤOU SÚ HOVÄDZIE STEAKYPRETOŽE NIE SÚ NAJROZTOMILEJŠÍ. ASI PO HODINE DUSENIA V ZMESI ČERVENÉHO VÍNA, HOVÄDZIEHO VÝVARU, HÚB, CESNAKU A ČIERNEHO KORENIA SA VŠAK DÁ KRÁJAŤ NOŽOM NA MASLO.

- 2 6-uncové vykostené steaky zo sviečkovice, nakrájané na plátky hrubé asi ¾ palca
- ½ lyžičky granulovaného cesnaku bez konzervačných látok
- Čierne korenie
- 4 čajové lyžičky extra panenského olivového oleja
- 10 uncí šampiňónov, nakrájaných na plátky
- ½ šálky suchého červeného vína (napríklad Zinfandel)
- ½ šálky vývaru z hovädzích kostí (pozri_recept_), vývar z kuracích kostí (pozri_recept_), alebo bez pridania soli kurací alebo hovädzí vývar
- 2 lyžičky nasekanej čerstvej petržlenovej vňate
- ½ lyžičky nasekaného čerstvého tymiánu
- ½ lyžičky jemne nastrúhanej citrónovej kôry
- 1 malý strúčik cesnaku, jemne nasekaný
- strúhaný čerstvý chren (voliteľné)

1. Predhrejte rúru na 300°F.

2. V prípade potreby odrežte tuk zo steakov. Steaky osušte papierovými utierkami. Posypte obe strany granulovaným cesnakom a korením. Zahrejte 2 čajové lyžičky olivového oleja na stredne vysokej teplote v

stredne odolnom hrnci. Pridajte steaky na panvicu; varte 3 až 4 minúty z každej strany alebo kým dobre nezhnedne. Naaranžujte steaky na tanier; odložiť.

3. Pridajte šampiňóny a zvyšné 2 lyžičky olivového oleja na panvicu. Varte 4 minúty za občasného miešania. Pridajte víno a vývar z hovädzích kostí a vyškrabte všetky hnedé kúsky zo spodnej časti panvice. Priviesť do varu. Pridajte steaky na panvicu, nalejte hubovú zmes na steaky. Zakryte panvicu pokrievkou. Presuňte panvicu do rúry. Pečte asi 1¼ hodiny alebo kým mäso nezmäkne.

4. Na petržlenovú vňať zmiešajte petržlenovú vňať, tymian, citrónovú kôru a cesnak v malej miske; odložiť.

5. Umiestnite filé na tanier; prikryte, aby ste zostali v teple. Na omáčku zohrejte huby a tekutinu na panvici na stredne vysokej teplote, až kým sa nerozvaria. Varte asi 4 minúty alebo kým sa mierne nezredukuje. Na steaky podávajte hubovú omáčku. Polevu posypeme petržlenovou vňaťou a podľa potreby nastrúhaným chrenom.

STEAKY ZO SVIEČKOVICE S AVOKÁDOM A CHRENOVOU OMÁČKOU

PRÍPRAVA: 15 minút Odpočinok: 10 minút Grilovanie: 16 minút
Príprava: 4 porcie

SKVELÝM DOPLNKOM JE CHRENOVÁ OMÁČKA. S POMALY PEČENÝM TEĽACÍM CHRBTOM (POZRI <u>RECEPT</u>). TU SA ZMIEŠA S PEČENÝM AVOKÁDOM, ČÍM VZNIKNE OMÁČKA S BOHATOU PRÍCHUŤOU, S TROCHOU KOPY Z DIJONSKEJ HORČICE A ČERSTVO NASTRÚHANÝM CHRENOM. GRILOVANÍM AVOKÁDA SÚ KRÉMOVEJŠIE A PRÍJEMNEJŠIE ÚDENÉ.

STEAK
- 1 polievková lyžica údeného korenia (viď <u>recept</u>)
- ½ lyžičky suchej horčice
- 1 lyžička mletého kmínu
- 4 prúžkové steaky (vrchná sviečková), nakrájané na 1 palec hrubé (celkom asi 2 libry)
- 2 avokáda, rozpolené a odkôstkované (ošúpané)
- 1 lyžička limetkovej šťavy

DIP
- 2 lyžice chrenovej omáčky (viď <u>recept</u>, nižšie
- 2 lyžice čerstvej citrónovej šťavy
- 2 strúčiky cesnaku, jemne nasekané

1. V malej miske zmiešajte dymové korenie, suchú horčicu a rascu. Posypte filé a votrite prstami. Nechajte pôsobiť 10 minút.

2. Pri grile na drevené uhlie položte na odkvapkávaciu panvicu stredne horúce uhlíky. Vyskúšajte strednú teplotu nad panvicou. Umiestnite steaky na grilovací rošt nad odkvapkávacou panvicou. Prikryte a grilujte 16 až 20 minút na strednom stupni (145 °F) alebo 20 až 24 minútach na strednom stupni (160 °F), pričom steaky raz v polovici pečenia otočte. Odrezané strany avokáda potrieme citrónovou šťavou. Počas posledných 8 až 10 minút grilovania alebo do mäkka pridajte na grilovací rošt nad odkvapkávacou panvicou, reznými stranami nahor. (Pri plynovom grile predhrejte gril. Znížte teplotu na stredné. Vhodné na nepriame varenie. Grilujte ako vyššie.)

3. Na omáčku naberajte avokádo do strednej misky. Pridajte chrenovú omáčku, 2 polievkové lyžice limetkovej šťavy a cesnak; roztlačte vidličkou takmer do hladka. Filety podávajte s omáčkou.

Chrenová omáčka: V strednej miske zmiešajte ¼ šálky strúhaného čerstvého chrenu, 1 šálku kešu smotany (pozri<u>recept</u>), 1 polievková lyžica horčice na dijonský spôsob (pozri<u>recept</u>), 1 lyžičku bieleho vínneho octu a 2 lyžičky citrónovo-bylinkového korenia (viď<u>recept</u>). Zakryte a dajte do chladničky aspoň na 4 hodiny alebo cez noc.

STEAKY ZO SVIEČKOVICE MARINOVANÉ S CITRÓNOVOU TRÁVOU

PRÍPRAVA: 30 minút Marinovanie: 2 až 10 hodín Grilovanie: 10 minút Odpočinok: 35 minút Príprava: 4 porcie

THAJSKÁ BAZALKA SA LÍŠI OD BAZALKY SLADKEJ. POUŽÍVA SA V STREDOMORSKEJ KUCHYNI VZHĽADOM AJ CHUŤOU. BAZALKA SLADKÁ MÁ ŠIROKÉ LISTY NA ZELENÝCH STONKÁCH; THAJSKÁ BAZALKA MÁ ÚZKE ZELENÉ LISTY NA FIALOVÝCH STONKÁCH. OBA MAJÚ ANÍZOVÚ PRÍCHUŤ, NO V THAJSKEJ BAZALKE JE VÝRAZNEJŠIA. THAJSKÁ BAZALKA TIEŽ ZNÁŠA TEPLO LEPŠIE AKO BAZALKA SLADKÁ. HĽADAJTE HO NA ÁZIJSKÝCH TRHOCH A FARMÁRSKYCH TRHOCH. AK JU NENÁJDETE, URČITE SA VÁM HODÍ BAZALKA SLADKÁ.

- 2 stonky citrónovej trávy, iba žlté a svetlozelené časti
- 1 2-palcový kúsok zázvoru, olúpaný a nakrájaný na tenké plátky
- ½ šálky nakrájaného čerstvého ananásu
- ¼ šálky čerstvej citrónovej šťavy
- 1 jalapeňo, zbavené kôstok a nakrájané (pozri stopa)
- 2 polievkové lyžice extra panenského olivového oleja
- 4 6-uncové steaky z hovädzej sviečkovice, nakrájané na hrúbku ¾ palca
- ½ šálky listov thajskej bazalky
- ½ šálky listov koriandra
- ½ šálky lístkov mäty
- ½ šálky pažítky, nakrájanej na tenké plátky
- 2 čajové lyžičky extra panenského olivového oleja

1 limetka, na štvrtiny

1. Na marinádu odstráňte a zlikvidujte pomliaždené vonkajšie vrstvy stoniek citrónovej trávy. Nakrájajte na tenké koslieska. V kuchynskom robote skombinujte citrónovú trávu a zázvor; pulzovať, až kým nebude veľmi jemne nakrájaný. Pridajte ananás, citrónovú šťavu, jalapeno a 2 lyžice olivového oleja; pyré čo najviac.

2. Steaky položte vo veľkom uzatváratelnom plastovom vrecku na plytký tanier. Steaky polejeme marinádou. zapečatené vrecko; obrátiť vrecko na kabát. Marinujte v chladničke 2 až 10 hodín, občas vrecko otočte. Odstráňte steaky z marinády; zlikvidujte marinádu. Pred grilovaním nechajte steaky odpočívať pri izbovej teplote 30 minút.

3. Pri grile na drevené uhlie alebo plynovom grile položte steaky na grilovací rošt priamo na strednom ohni. Prikryte a pečte 10 až 12 minút pre medium rare (145°F) alebo 12 až 15 minút pre medium rare (160°F), pričom v polovici pečenia raz otočte. Odstráňte steaky z grilu; pred podávaním necháme 5 minút postáť.

4. Na bylinkovú polevu zmiešajte v malej miske bazalku, koriandr, mätu a pažítku; pokvapkajte 2 lyžičkami olivového oleja; hodiť do krytu Každý steak obložíme bylinkovou polevou a podávame s kolieskami limetky.

BALSAMICO-DIJONSKÁ SVIEČKOVICA S CESNAKOVÝM ŠPENÁTOM

PRÍPRAVA:12 minút Marinovanie: 4 hodiny Grilovanie: 10 minút Príprava: Podáva 4

VARENÍM MARINÁDY JE TO BEZPEČNÉJESŤ AKO OMÁČKU A TROCHU JU ZREDUKOVAŤ, ABY ZHUSTLA. ŠPENÁT PODUSTE, KÝM SA STEAK VYPRÁŽA, A TO LEN TAK TAK. PRE NAJLEPŠIU CHUŤ A VÝŽIVU VARTE ŠPENÁT, KÝM NEZVÄDNE A BUDE STÁLE JASNE ZELENÝ.

STEAK
- 4 lyžice balzamikového octu
- 3 polievkové lyžice extra panenského olivového oleja
- 3 lyžice čerstvej citrónovej šťavy
- 3 lyžice čerstvej pomarančovej šťavy
- 1 lyžica dijonskej horčice (viď recept)
- 2 lyžičky nasekaného čerstvého rozmarínu
- ½ lyžičky čierneho korenia
- 3 strúčiky cesnaku nakrájané nadrobno
- 1 1½ libry sviečkovej, nakrájanej na hrúbku 1½ palca

ŠPENÁT
- 1 lyžica extra panenského olivového oleja
- 4 strúčiky cesnaku, nakrájané na tenké plátky
- 8 šálok baby špenátu
- ¼ lyžičky čierneho korenia

1. Na marinádu zmiešajte v strednej miske ocot, olivový olej, citrónovú šťavu, pomarančovú šťavu, dijonskú horčicu, rozmarín, korenie a cesnak. Steak položte v uzatvárateľnom plastovom vrecku na plytký tanier. Steak polejeme marinádou. zapečatené vrecko; obrátiť na kabát steak. Marinujte v chladničke 4 hodiny, občas vrecko otočte.

2. Predhrejte gril. Odstráňte steak z marinády; preneste marinádu do malého hrnca. Na balzamikovú omáčku zohrejte marinádu na stredne vysokej teplote, kým nezovrie. Znížte teplo; dusíme 2 až 3 minúty alebo do mierneho zhustnutia; odložiť.

3. Steak položte na nevyhrievaný rošt na panvici na brojlery. Grilujte 4 až 5 palcov od tepla asi 10 minút pre stredné (145 °F) alebo 14 minút pre stredné (160 °), raz otočte. Preneste steak na reznú dosku. Voľne prikryte hliníkovou fóliou; necháme 10 minút postáť.

4. Medzitým na špenát zohrejte olivový olej v extra veľkej panvici na strednom ohni. Pridajte nakrájaný cesnak; varte 1 minútu alebo kým nebude jemne zlatistá. Pridajte špenát; posypať korením. Varte a miešajte 1 až 2 minúty alebo kým špenát nezvädne.

5. Steak nakrájame na štyri porcie a pokvapkáme balzamikovou omáčkou. Podávame so špenátom.

ÚDENÉ DETSKÉ REBIERKA S JABLKOVO-HORČICOVOU MOPOVOU OMÁČKOU

TÝŽDEŇ:1 hodina prestávka: 15 minút údenie: 4 hodiny varenie: 20 minút príprava: 4 porcie<u>FOTOGRAFIU</u>

BOHATÁ CHUŤ A MÄSITÁ TEXTÚRAÚDENÝCH REBIER VYŽADUJE NIEČO ČERSTVÉ A CHRUMKAVÉ K TOMU. POSLÚŽI TAKMER KAŽDÝ ŠALÁT, ALE FENIKLOVÝ ŠALÁT (POZRI<u>RECEPT</u>A NA FOTKE<u>TU</u>), JE OBZVLÁŠŤ DOBRÝ.

REBRÁ
- 8 až 10 kusov jabloňového alebo orechového dreva
- 3 až 3 ½ libier detské zadné rebrá
- ¼ šálky údeného korenia (pozri<u>recept</u>)

DIP
- 1 stredne uvarené jablko, ošúpané, zbavené jadierok a nakrájané na tenké plátky
- ¼ šálky nakrájanej cibule
- ¼ šálky vody
- ¼ šálky octu
- 2 lyžice dijonskej horčice (viď<u>recept</u>)
- 2 až 3 polievkové lyžice vody

1. Kusy dreva namočte aspoň 1 hodinu pred údením do dostatočného množstva vody, aby boli zakryté. Pred použitím sceďte. Odrežte viditeľný tuk z rebier. V prípade potreby odlúpnite tenkú membránu zo zadnej strany rebier. Vložte rebrá do veľkého plytkého hrnca. Rovnomerne posypte Smoky Korením; trieť prstami. Nechajte stáť pri izbovej teplote 15 minút.

2. Vložte predhriate uhlie, odkvapkané kúsky dreva a panvicu s vodou do udiarne podľa pokynov výrobcu. Nalejte vodu do panvice. Rebierka položte stehnou nadol na grilovací rošt nad panvicu s vodou. (Alebo položte rebrá na rebrá; rebierka položte na gril.) Prikryte a 2 hodiny údte. Počas trvania dymu udržujte v udiarni teplotu okolo 225 °F. Pridajte ďalšie uhlie a vodu podľa potreby na udržanie teploty a vlhkosti.

3. Medzitým na mop omáčku kombinujte plátky jablka, cibuľu a ¼ šálky vody v malom hrnci. Priviesť do varu; znížiť teplo. Za občasného miešania dusíme prikryté 10 až 12 minút alebo kým plátky jabĺk nie sú veľmi mäkké. Mierne vychladnúť; preneste nescedené jablko a cibuľu do kuchynského robota alebo mixéra. Prikryjeme a spracujeme alebo rozmixujeme do hladka. Pyré vráťte do hrnca. Pridajte ocot a dijonskú horčicu. Varte na miernom ohni 5 minút, občas premiešajte. Pridajte 2 až 3 polievkové lyžice vody (alebo viac podľa potreby), aby omáčka mala konzistenciu vinaigrette. Omáčku rozdelíme na tretiny.

4. Po 2 hodinách výdatne potrite rebrá tretinou mopsovej omáčky. Prikryjeme a dusíme ďalšiu 1 hodinu. Znovu potrite ďalšou tretinou mopsovej omáčky. Každý kus rebier zabaľte do ťažkej fólie a vložte rebrá späť do udiarne, v prípade potreby ich naskladajte na seba. Zakryte a údte ďalšiu 1 až 1½ hodiny, alebo kým rebrá nezmäknú.*

5. Vydlabeme rebrá a potrieme zvyšnou 1/3 mopsovej omáčky. Na servírovanie nakrájajte rebrá medzi kosťami.

*Tip: Ak chcete otestovať citlivosť rebier, opatrne odstráňte fóliu z jedného z rebier. Vyberte rebrový plát kliešťami a držte tanier za hornú štvrtinu taniera. Otočte rebrovú dosku tak, aby mäsová strana smerovala nadol. Ak sú rebrá mäkké, tanier by sa mal pri vyberaní začať rozpadávať. Ak nie sú mäkké, znova ich zabaľte do alobalu a pokračujte v údení rebier, kým nezmäknú.

BBQ VIDIECKE BRAVČOVÉ REBRÁ S ČERSTVÝM ANANÁSOVÝM ŠALÁTOM

PRÍPRAVA:20 minút varenie: 8 minút pečenie: 1 hodina 15 minút príprava: 4 porcie

VIDIECKE BRAVČOVÉ REBRÁ SÚ MÄSITÉ,LACNÉ A AK SA S NÍM ZAOBCHÁDZA SPRÁVNYM SPÔSOBOM, NAPRÍKLAD VARENÉ POMALY A POMALY V ŠPINAVEJ BARBECUE OMÁČKE, STANE SA LAHODNE JEMNÝM.

2 libry vykostených vidieckych bravčových rebier
¼ lyžičky čierneho korenia
1 lyžica rafinovaného kokosového oleja
½ šálky čerstvej pomarančovej šťavy
1½ šálky BBQ omáčky (pozri_recept_)
3 šálky strúhanej zelenej a/alebo červenej kapusty
1 šálka strúhanej mrkvy
2 šálky nadrobno nakrájaného ananásu
⅓ šálky svetlého citrusového vinaigrettu (pozri_recept_)
BBQ omáčka (viď_recept_) (voliteľné)

1. Predhrejte rúru na 350 °F. Bravčové mäso posypeme korením. Zahrejte kokosový olej na stredne vysokej teplote v extra veľkej panvici. Pridajte bravčové rebrá; varte 8 až 10 minút alebo kým nezhnedne a rovnomerne nezhnedne. Umiestnite rebrá do 3-litrovej obdĺžnikovej zapekacej misky.

2. Na omáčku pridajte do panvice pomarančový džús a miešajte, aby ste zoškrabali všetky hnedé kúsky. Pridajte 1 ½ šálky BBQ omáčky. Omáčkou prelejeme

rebrá. Otočte rebrá, aby ste ich natreli omáčkou (ak je to potrebné, použite kefku na potretie rebier omáčkou). Plech na pečenie pevne prikryte hliníkovou fóliou.

3. Rebierka pečieme 1 hodinu. Odstráňte alobal a rebierka potrite omáčkou z pekáča. Pečte ďalších 15 minút, alebo kým nie sú rebrá mäkké a zlatohnedé a omáčka mierne zhustne.

4. Medzitým na ananásový šalát kombinujte kapustu, mrkvu, ananás a jasný citrusový vinaigrette. Zakryte a nechajte v chladničke až do času podávania.

5. Rebierka podávame so šalátom a podľa potreby s BBQ omáčkou.

PIKANTNÝ BRAVČOVÝ GULÁŠ

PRÍPRAVA: 20 minút varenie: 40 minút príprava: 6 porcií

PODÁVA SA TENTO GULÁŠ NA MAĎARSKÝ SPÔSOB NA LÔŽKU CHRUMKAVEJ, SOTVA ZVÄDNUTEJ KAPUSTY NA JEDNO JEDLO. ROZDRVTE RASCU V MAŽIARI, AK MÁTE. AK NIE, ZATLAČTE ICH POD ŠIROKÚ STRANU KUCHÁRSKEHO NOŽA ĽAHKÝM ZATLAČENÍM NA NÔŽ PÄSŤOU.

GULÁŠ
- 1½ libry mletého bravčového mäsa
- 2 šálky nakrájanej červenej, oranžovej a/alebo žltej papriky
- ¾ šálky jemne nakrájanej červenej cibule
- 1 malé čerstvé červené čili, zbavené semienok a nasekané nadrobno (pozri stopa)
- 4 čajové lyžičky údeného korenia (viď recept)
- 1 lyžička rasce, rozdrvená
- ¼ lyžičky nasekaného majoránu alebo oregana
- 1 14-uncová konzerva paradajky bez pridania soli, neodkvapkané
- 2 polievkové lyžice červeného vínneho octu
- 1 lyžica jemne nastrúhanej citrónovej kôry
- ⅓ šálky nasekanej čerstvej petržlenovej vňate

KAPUSTNICA
- 2 polievkové lyžice olivového oleja
- 1 stredná cibuľa, nakrájaná na plátky
- 1 malá hlávka zelenej alebo červenej kapusty zbavená jadierok a nakrájaná na tenké plátky

1. Na guláš varte mleté bravčové mäso, papriku a cibuľu vo veľkej holandskej rúre na stredne vysokej teplote 8 až 10 minút alebo dovtedy, kým bravčové mäso už nie je ružové a zelenina je mäkká, ale chrumkavá, za stáleho miešania vareškou. drevenou lyžicou, aby ste ich rozbili. mäso. Vypustite tuk. Znížte teplo na minimum; pridajte červené čili, údené korenie, rascu a majoránku. Prikryjeme a varíme 10 minút. Pridáme nescedené paradajky a ocot. Priviesť do varu; znížiť teplo. Prikryté dusíme 20 minút.

2. Medzitým v extra veľkej panvici na kapustu zohrejte olej na strednom ohni. Pridajte cibuľu a varte do mäkka, asi 2 minúty. Pridajte kapustu; premiešajte, aby sa spojili. Znížte teplo na minimum. Varte asi 8 minút alebo kým kapusta nezmäkne, občas premiešajte.

3. Na servírovanie nalejte na tanier lyžičkou časť kapustovej zmesi. Navrch dáme guláš a posypeme citrónovou kôrou a petržlenovou vňaťou.

TALIANSKE MÄSOVÉ GUĽKY MARINARA S PLÁTKAMI FENIKLU A RESTOVANOU CIBUĽKOU

PRÍPRAVA: 30 minút pečenie: 30 minút varenie: 40 minút
príprava: 4 až 6 porcií

TENTO RECEPT JE ZRIEDKAVÝM PRÍKLADOM.KONZERVOVANÉHO PRODUKTU, KTORÝ FUNGUJE ROVNAKO DOBRE, AK NIE LEPŠIE AKO ČERSTVÁ VERZIA. POKIAĽ NEMÁTE PARADAJKY, KTORÉ SÚ VEĽMI, VEĽMI ZRELÉ, V OMÁČKE S ČERSTVÝMI PARADAJKAMI NEDOSIAHNETE TAKÚ DOBRÚ KONZISTENCIU AKO S PARADAJKAMI Z KONZERVY. LEN SA UISTITE, ŽE POUŽÍVATE PRODUKT BEZ PRIDANEJ SOLI A EŠTE LEPŠIE ORGANICKÝ.

HALUŠKY
2 veľké vajcia
½ šálky mandľovej múky
8 strúčikov cesnaku, jemne nasekaných
6 polievkových lyžíc suchého bieleho vína
1 lyžica papriky
2 lyžičky čierneho korenia
1 lyžička semien feniklu, jemne rozdrvených
1 lyžička sušeného oregana, nasekaného
1 lyžička sušeného tymiánu, drveného
¼ až ½ čajovej lyžičky kajenského korenia
1½ libry mletého bravčového mäsa

MARINARA
2 polievkové lyžice olivového oleja

2 15-uncové plechovky drvených paradajok bez pridania soli alebo jedna 28-uncová plechovka drvených paradajok bez pridania soli

½ šálky nasekanej čerstvej bazalky

3 stredné feniklové cibuľky, rozpolené, zbavené jadrovníkov a nakrájané na tenké plátky

1 veľká sladká cibuľa, rozpolená a nakrájaná na tenké plátky

1. Predhrejte rúru na 375 °F. Veľký lemovaný plech vyložte papierom na pečenie; odložiť. Vajcia, mandľovú múku, 6 strúčikov cesnaku, 3 lyžice vína, papriku, 1½ lyžičky čierneho korenia, feniklové semienko, oregano, tymian a červenú papriku rozšľaháme vo veľkej mise. Pridajte bravčové mäso; dobre premiešame. Zo zmesi bravčového mäsa vytvarujte 1,5-palcové mäsové guľky (mali by ste mať asi 24 mäsových guľôčok); položte v jednej vrstve na pripravený plech. Pečte asi 30 minút alebo do jemne zlatistej farby, pričom počas pečenia raz otočte.

2. Medzitým zohrejte 1 lyžicu olivového oleja v 4- až 6-litrovej holandskej rúre na omáčku marinara. Pridajte zvyšné 2 strúčiky cesnaku; varte asi 1 minútu alebo kým nezačne hnednúť. Rýchlo pridajte zvyšné 3 lyžice vína, drvené paradajky a bazalku. Priviesť do varu; znížiť teplo. Odkryté dusíme 5 minút. Uvarené mäsové guľky opatrne vmiešame do marinarovej omáčky. Prikryte a varte na miernom ohni 25 až 30 minút.

3. Medzitým zohrejte zvyšnú lyžicu olivového oleja vo veľkej panvici na strednom ohni. Pridajte fenikel a nakrájanú cibuľu. Varte 8 až 10 minút, alebo kým

nezmäkne a nezhnedne, za častého miešania. Dochutíme zvyšnou ½ lyžičky čierneho korenia. Podávajte mäsové guľky a omáčku marinara s feniklovou a cibuľovou omáčkou.

CUKETOVÉ LODIČKY PLNENÉ BRAVČOVÝM MÄSOM S BAZALKOU A PÍNIOVÝMI ORIEŠKAMI

PRÍPRAVA: 20 minút pečenia: 22 minút pečenia: 20 minút príprava: 4 porcie

DETI SI TÚTO POCHÚŤKU ZAMILUJÚ. Z VYDLABANEJ CUKETY PLNENEJ MLETÝM BRAVČOVÝM MÄSOM, PARADAJKAMI A PAPRIKOU. AK CHCETE, PRIDAJTE 3 LYŽICE BAZALKOVÉHO PESTA (VIĎ RECEPT) NAMIESTO ČERSTVEJ BAZALKY, PETRŽLENU A PÍNIOVÝCH ORIEŠKOV.

- 2 stredné cukety
- 1 lyžica extra panenského olivového oleja
- 12 uncí mletého bravčového mäsa
- ¾ šálky nakrájanej cibule
- 2 strúčiky cesnaku, jemne nasekané
- 1 šálka nakrájaných paradajok
- ⅔ šálky jemne nasekanej žltej alebo oranžovej papriky
- 1 lyžička semien feniklu, jemne rozdrvených
- ½ lyžičky drvených vločiek červenej papriky
- ¼ šálky nasekanej čerstvej bazalky
- 3 lyžice nasekanej čerstvej petržlenovej vňate
- 2 lyžice píniových oriešok, opečených (pozri stopa) a nahrubo nasekané
- 1 lyžička jemne nastrúhanej citrónovej kôry

1. Predhrejte rúru na 350 °F. Cuketu rozrežte pozdĺžne na polovicu a opatrne vyškrabte stred, nechajte ¼ palca hrubú šupku. Dužinu z cukety nasekáme nahrubo a

odložíme bokom. Polovičky cukety uložíme reznou stranou nahor na plech vystlaný alobalom.

2. Na plnenie zohrejte olivový olej vo veľkej panvici na stredne vysokej teplote. Pridajte mleté bravčové mäso; varíme, kým už nie je ružová, pričom miešame drevenou vareškou, aby sa mäso rozbilo. Vypustite tuk. Znížte teplo na stredné. Pridajte rezervovanú dužinu z cukety, cibuľu a cesnak; varíme a miešame asi 8 minút alebo kým cibuľa nezmäkne. Pridajte paradajky, papriku, feniklové semiačka a drvenú červenú papriku. Varte asi 10 minút alebo kým paradajky nezmäknú a nezačnú sa lámať. Odstráňte panvicu z tepla. Pridajte bazalku, petržlenovú vňať, píniové oriešky a citrónovú kôru. Rozdeľte náplň medzi cuketové škrupiny a vytvorte miernu hrudku. Pečte 20 až 25 minút alebo kým cuketové šupky nie sú chrumkavé.

ANANÁSOVÉ KARI BRAVČOVÉ "REZANCOVÉ" MISKY S KOKOSOVÝM MLIEKOM A BYLINKAMI

PRÍPRAVA:30 minút pečenia: 15 minút pečenia: 40 minút príprava: 4 porcie<u>FOTOGRAFIU</u>

- 1 veľká špagetová tekvica
- 2 lyžice rafinovaného kokosového oleja
- 1 libra mletého bravčového mäsa
- 2 lyžice nadrobno nasekanej pažítky
- 2 lyžice čerstvej citrónovej šťavy
- 1 lyžica nasekaného čerstvého zázvoru
- 6 strúčikov cesnaku, jemne nasekaných
- 1 lyžica mletej citrónovej trávy
- 1 polievková lyžica červeného kari na thajský spôsob bez pridania soli
- 1 šálka nakrájanej červenej papriky
- 1 šálka nakrájanej cibule
- ½ šálky julienned mrkvy
- 1 baby bok choy, nakrájané na plátky (3 šálky)
- 1 šálka nakrájaných čerstvých húb
- 1 alebo 2 thajské vtáčie papriky nakrájané na tenké plátky (pozri<u>stopa</u>)
- 1 13,5-uncová plechovka obyčajného kokosového mlieka (napríklad Nature's Way)
- ½ šálky vývaru z kuracích kostí (pozri<u>recept</u>) alebo kurací vývar bez pridania soli
- ¼ šálky čerstvej ananásovej šťavy
- 3 lyžice nesoleného kešu masla bez pridaného oleja

1 šálka čerstvého ananásu nakrájaného na kocky, nakrájaného na kocky

Plátky citróna

Čerstvý koriander, mäta a/alebo thajská bazalka

Nasekané pečené kešu oriešky

1. Predhrejte rúru na 400 °F. Špagety squashujte v mikrovlnnej rúre na vysokej úrovni 3 minúty. Tekvicu opatrne rozrežte pozdĺžne na polovicu a vyškrabte semienka. Rezné strany tekvice potrieme 1 lyžicou kokosového oleja. Polovice tekvice položte rezmi nadol na plech na pečenie. Pečte 40 až 50 minút alebo kým sa tekvica nedá ľahko prepichnúť nožom. Hrotmi vidličky oškrabte mäso zo škrupín a udržiavajte teplé, kým nebude pripravené na podávanie.

2. Medzitým kombinujte bravčové mäso, cibuľovú cibuľku, limetkovú šťavu, zázvor, cesnak, citrónovú trávu a kari v strednej miske; dobre premiešame. Zohrejte zvyšnú 1 polievkovú lyžicu kokosového oleja na stredne vysokej teplote v extra veľkej panvici. Pridajte bravčovú zmes; varíme, kým už nie je ružové, pričom miešame drevenou vareškou, aby sa mäso rozbilo. Pridajte papriku, cibuľu a mrkvu; varte a miešajte asi 3 minúty alebo kým zelenina nezmäkne. Pridajte bok choy, šampiňóny, čili, kokosové mlieko, vývar z kuracích kostí, ananásový džús a kešu maslo. Priviesť do varu; znížiť teplo. Pridajte ananás; dusíme odkryté, kým sa neprehreje.

3. Na servírovanie rozdeľte tekvicové špagety do štyroch servírovacích misiek. Bravčové kari nalejeme na tekvicu. Podávajte s kúskami limetky, bylinkami a kešu.

PIKANTNE GRILOVANE BRAVCOVE KARBONATKY S PIKANTNÝM UHORKOVÝM SALATOM

PRIPRAVA:30 minút grilovanie: 10 minút odpočinok: 10 minút príprava: 4 porcie

CHRUMKAVÝ UHORKOVÝ SALATOCHUTENÝ CHLADNOU MÄTOU JE OSVIEZUJUCIM A OSVIEZUJUCIM DOPLNKOM KU PIKANTNÝM BRAVCOVÝM BURGEROM.

- ⅓ šálky olivového oleja
- ¼ šálky nasekanej čerstvej mäty
- 3 polievkové lyžice bieleho vínneho octu
- 8 strúčikov cesnaku, jemne nasekaných
- ¼ lyžičky čierneho korenia
- 2 stredné uhorky, nakrájané na veľmi tenké plátky
- 1 malá cibuľa, nakrájaná na tenké plátky (asi ½ šálky)
- 1¼ až 1½ libry mletého bravčového mäsa
- ¼ šálky nasekaného čerstvého koriandra
- 1 až 2 čerstvé stredné jalapeño alebo serrano chilli papričky, zbavené semienok (ak je to potrebné) a jemne nasekané (pozristopa)
- 2 stredne veľké červené papriky zbavené semienok a nakrájané na štvrtiny
- 2 lyžičky olivového oleja

1. Vo veľkej miske zmiešajte ⅓ šálky olivového oleja, mätu, ocot, 2 pretlačené strúčiky cesnaku a čierne korenie. Pridajte nakrájané uhorky a cibuľu. Miešajte, kým sa dobre nepotiahne. Zakryte a nechajte vychladnúť, kým

nebudete pripravené na podávanie, raz alebo dvakrát premiešajte.

2. Vo veľkej mise kombinujte bravčové mäso, koriandr, čili a zvyšných 6 mletých strúčikov cesnaku. Vytvarujte štyri placičky hrubé ¾ palca. Štvrťky papriky zľahka potrieme 2 lyžičkami olivového oleja.

3. Pri grile na drevené uhlie alebo plynovom grile položte karbonátky a štvrtky papriky priamo na strednú teplotu. Prikryte a grilujte, kým teplomer s okamžitým odčítaním vložený do strán bravčových placiek nezaznamená 160 °F a štvrtky papriky nie sú mäkké a ľahko zuhoľnatené, pričom karbanátky a štvrtky papriky v polovici pečenia otočíte. Počkajte 10-12 minút na karbonátky a 8-10 minút na paprikové štvrtky.

4. Keď sú štvrtky papriky uvarené, zabaľte ich do kúska hliníkovej fólie, aby boli úplne zakryté. Nechajte odstáť asi 10 minút, alebo kým dostatočne nevychladnú, aby sa dali zvládnuť. Ostrým nožom papriku opatrne zbavíme šupky. Štvrťky papriky nakrájame pozdĺžne na tenké plátky.

5. Pri podávaní zmiešajte uhorkový šalát a rovnomerne ho rozložte na štyri veľké servírovacie taniere. Na každý tanier pridajte bravčovú sušienku. Plátky červenej papriky rovnomerne poukladajte na hamburgery.

CUKETOVÁ KRUSTOVÁ PIZZA S PESTOM ZO SUŠENÝCH PARADAJOK, PAPRIKOU A TALIANSKOU KLOBÁSOU

PRÍPRAVA:30 minút pečenia: 15 minút pečenia: 30 minút príprava: 4 porcie

JE TO PIZZA S NOŽOM A VIDLIČKOU.KLOBÁSU A PAPRIKU NEZABUDNITE JEMNE VTLAČIŤ DO PESTOM OBALENEJ KÔRKY, ABY SA POLEVA PRILEPILA DOSTATOČNE NA TO, ABY SA PIZZA MOHLA DOKONALE KRÁJAŤ.

 2 polievkové lyžice olivového oleja
 1 lyžica jemne mletých mandlí
 1 veľké vajce, zľahka rozšľahané
 ½ šálky mandľovej múky
 1 lyžica nakrájaného čerstvého oregana
 ¼ lyžičky čierneho korenia
 3 strúčiky cesnaku nakrájané nadrobno
 3½ šálky strúhanej cukety (2 stredné)
 Talianska klobása (pozri<u>recept</u>, nižšie)
 1 lyžica extra panenského olivového oleja
 1 paprika (žltá, červená alebo polovica), zbavená kôstok a nakrájaná na veľmi tenké prúžky
 1 malá cibuľa, nakrájaná na tenké plátky
 Pesto zo sušených paradajok (viď<u>recept</u>, nižšie)

1. Predhrejte rúru na 425°F. Potrite 12-palcovú panvicu na pizzu 2 lyžicami olivového oleja. Posypeme mletými mandľami; odložiť.

2. Ako základ zmiešajte vo veľkej mise vajce, mandľovú múku, oregano, čierne korenie a cesnak. Nastrúhanú

cuketu položte na čistú utierku alebo kúsok gázy. dobre zabaliť

CITRÓNOVÉ KORIANDROVÉ ÚDENÉ JAHŇACIE STEHNO S PEČENOU ŠPARGĽOU

TÝŽDEŇ:30 minút príprava: 20 minút grilovanie: 45 minút oddych: 10 minút príprava: 6 až 8 porcií

JEDNODUCHÉ, ALE ELEGANTNÉ, TOTO JEDLO PONÚKADVE INGREDIENCIE, KTORÉ VYNIKNÚ NA JAR: JAHŇACINA A ŠPARGĽA. OPEKANIE KORIANDROVÝCH SEMIENOK ZVÝRAZNÍ TEPLÚ, ZEMITÚ A JEMNE KORENISTÚ CHUŤ.

- 1 šálka hikorových drevených štiepok
- 2 lyžice koriandrových semienok
- 2 lyžice jemne nasekanej citrónovej kôry
- 1½ lyžičky čierneho korenia
- 2 lyžice nasekaného čerstvého tymiánu
- 1 vykostené jahňacie stehno, 2 až 3 libry
- 2 zväzky čerstvej špargle
- 1 lyžica olivového oleja
- ¼ lyžičky čierneho korenia
- 1 citrón, nakrájaný na štvrtiny

1. Najmenej 30 minút pred údením namočte hikorové lupienky do misky s dostatočným množstvom vody, aby boli zakryté; odložiť. Medzitým opražte koriandrové semienka na miernom ohni asi 2 minúty alebo kým nebudú voňavé a chrumkavé na malej panvici za častého miešania. Odstráňte semená z panvice; necháme vychladnúť. Keď semienka vychladnú, rozdrvíme ich nahrubo v mažiari (alebo položíme semienka na dosku na krájanie a rozdrvíme ich zadnou

stranou drevenej varešky). Zmiešajte rozdrvené koriandrové semienka, citrónovú kôru, 1½ čajovej lyžičky korenia a tymiánu v malej miske; odložiť.

2. Odstráňte sieť z jahňacej pečienky, ak je prítomná. Odkryte braai na pracovnej doske, tukovou stranou nadol. Polovicu koreniacej zmesi posypte mäsom; trieť prstami. Braai zrolujte a zviažte štyrmi až šiestimi kuchynskými špagátmi zo 100% bavlny. Posypte zvyšnou zmesou korenia vonkajšok pečienky a jemne pritlačte, aby priľnula.

3. Pri grile na drevené uhlie položte na odkvapkávaciu panvicu stredne horúce uhlíky. Vyskúšajte strednú teplotu nad panvicou. Odkvapkané drevené štiepky posypte na uhlíky. Jahňacie mäso položte na rošt na odkvapkávaciu panvicu. Zakryte a úďte 40-50 minút pri strednej teplote (145 °F). (Pri plynovom grile predhrejte gril. Znížte teplotu na strednú úroveň. Nastavte na nepriame varenie. Úďte ako vyššie, s výnimkou pridania scedených drevených triesok podľa pokynov výrobcu.) Gril voľne zakryte hliníkovou fóliou. Pred krájaním nechajte 10 minút odpočívať.

4. Medzitým odrežeme drevnaté konce špargle. Vo veľkej miske premiešajte špargľu s olivovým olejom a ¼ lyžičky korenia. Špargľu položte okolo vonkajších okrajov grilu, priamo nad uhlíky a kolmo na grilovací rošt. Prikryte a grilujte 5 až 6 minút, kým nie sú chrumkavé. Cez špargľu vytlačte kolieska citróna.

5. Z jahňacej pečienky stiahneme šnúru a mäso nakrájame na tenké plátky. Mäso podávame s opečenou špargľou.

HRNIEC JAHŇACIEHO

PRIPRAVA:30 minút varenia: 2 hodiny 40 minút príprava: 4 porcie

ZOHREJTE SA S TÝMTO ŠŤAVNATÝM GULÁŠOMV JESENNÚ ALEBO ZIMNÚ NOC. GULÁŠ SA PODÁVA NA ZAMATOVOM PYRÉ ZO ZELERU A PAŠTRNÁKA OCHUTENÉHO DIJONSKOU HORČICOU, KEŠU KRÉMOM A PAŽÍTKOU. POZNÁMKA: KOREŇ ZELERU SA NIEKEDY NAZÝVA ZELER.

- 10 zrniek čierneho korenia
- 6 listov šalvie
- 3 celé nové korenie
- 2 2-palcové prúžky pomarančovej kôry
- 2 libry vykostené jahňacie pliecko
- 3 lyžice olivového oleja
- 2 stredné cibule, nahrubo nakrájané
- 1 14,5-uncová konzerva paradajok bez pridania soli, neodkvapkaná
- 1½ šálky vývaru z hovädzích kostí (pozri<u>recept</u>) alebo hovädzí vývar bez pridania soli
- ¾ šálky suchého bieleho vína
- 3 veľké strúčiky cesnaku, rozdrvené a olúpané
- 2 libry koreňa zeleru, olúpané a nakrájané na 1-palcové kocky
- 6 stredných paštrnákov, olúpaných a nakrájaných na 1-palcové plátky (asi 2 libry)
- 2 polievkové lyžice olivového oleja
- 2 polievkové lyžice kešu krému (viď<u>recept</u>)
- 1 lyžica dijonskej horčice (viď<u>recept</u>)

¼ šálky nasekanej pažítky

1. Pre bouquet garni odrežte 7-palcovú štvorcovú gázu. Umiestnite zrnká korenia, šalviu, nové korenie a pomarančovú kôru do stredu gázy. Nadvihnite rohy gázy a pevne ich zviažte čistým kuchynským špagátom zo 100% bavlny. Odložte bokom.

2. Odrežte tuk z jahňacieho pliecka; nakrájajte jahňacie na 1-palcové kúsky. Zahrejte 3 polievkové lyžice olivového oleja v holandskej rúre na strednom ohni. Jahňacie mäso varte, ak je to potrebné, v dávkach na horúcom oleji, kým nezhnedne; vyberte z panvice a udržujte v teple. Pridajte cibuľu do panvice; varte 5 až 8 minút alebo kým nezmäkne a nezhnedne. Pridajte bouquet garni, neodkvapkané paradajky, 1¼ šálky vývaru z hovädzích kostí, víno a cesnak. Priviesť do varu; znížiť teplo. Dusíme prikryté 2 hodiny za občasného miešania. Odstráňte a zlikvidujte bouquet garni.

3. Medzitým vložte zeler a paštrnák do veľkého hrnca na pyré; zalejeme vodou. Priveďte do varu na stredne vysokej teplote; znížiť teplo na minimum. Prikryte a dusíme 30 až 40 minút, alebo kým zelenina po prepichnutí vidličkou nezmäkne. Vypustiť; vložte zeleninu do kuchynského robota. Pridajte zvyšnú ¼ šálky vývaru z hovädzích kostí a 2 polievkové lyžice oleja; pulzujte, kým nie je pyré takmer hladké, ale stále má nejakú textúru, raz alebo dvakrát zastavte, aby ste zoškrabali boky. Pyré preložíme do misky. Pridáme kešu smotanu, horčicu a pažítku.

4. Na podávanie rozdeľte pyré do štyroch misiek; preliate jahňacím gulášom.

JAHŇACÍ GULÁŠ SO ZELEROM A MRKVOVÝMI REZANCAMI

PRÍPRAVA:30 minút pečenia: 1 hodina 30 minút príprava: 6 porcií

KOREŇOVÝ ZELER JE ÚPLNE INÝ.SPÔSOBOM V TOMTO GULÁŠI AKO V JAHŇACOM KOTLÍKU (POZRI<u>RECEPT</u>). KRÁJAČ NA MANDOLÍNU SA POUŽÍVA NA VYTVÁRANIE VEĽMI TENKÝCH PRÚŽKOV SLADKÉHO A ORECHOVÉHO KOREŇA. „REZANCE" DUSÍME V PRÍVARKU DO MÄKKA.

- 2 čajové lyžičky citrónovo-bylinkového korenia (viď<u>recept</u>)
- 1½ libry jahňacieho duseného mäsa, nakrájaného na 1-palcové kocky
- 2 polievkové lyžice olivového oleja
- 2 šálky nakrájanej cibule
- 1 šálka nakrájanej mrkvy
- 1 šálka repy nakrájanej na kocky
- 1 lyžica mletého cesnaku (6 strúčikov)
- 2 polievkové lyžice paradajkovej pasty bez pridania soli
- ½ šálky suchého červeného vína
- 4 šálky vývaru z hovädzích kostí (viď<u>recept</u>) alebo hovädzí vývar bez pridania soli
- 1 bobkový list
- 2 šálky maslovej tekvice nakrájanej na 1-palcové kocky
- 1 šálka nasekaného baklažánu
- 1 libra zelerového koreňa, ošúpaného
- nasekanú čerstvú petržlenovú vňať

1. Predhrejte rúru na 250 °F. Jahňacie mäso rovnomerne posypeme citrónovo-bylinkovým korením. Jemne premiešajte, aby sa obalil. Zahrejte 6 až 8 litrov

holandskej rúry na stredne vysokú teplotu. Do holandskej rúry pridajte 1 polievkovú lyžicu olivového oleja a polovicu ochuteného jahňacieho mäsa. Mäso opečieme na rozpálenom oleji zo všetkých strán; opečené mäso preložíme na tanier a zopakujeme so zvyškom jahňacieho mäsa a olivovým olejom. Znížte teplo na stredné.

2. Pridajte cibuľu, mrkvu a repu do hrnca. Zeleninu varte a miešajte 4 minúty; pridajte cesnak a paradajkový pretlak a varte ešte 1 minútu. Do hrnca pridajte červené víno, vývar z hovädzích kostí, bobkový list a odložené mäso a nahromadenú šťavu. Zmes priveďte do varu. Holandskú rúru prikryte a vložte do predhriatej rúry. Pečieme 1 hodinu. Pridajte maslovú tekvicu a baklažán. Vráťte do rúry a pečte ďalších 30 minút.

3. Kým je guláš v rúre, pomocou mandolíny nakrájajte koreň zeleru na veľmi tenké plátky. Plátky koreňového zeleru nakrájajte na pásiky široké ½ palca. (Mali by ste mať asi 4 šálky.) Do guláša vmiešame prúžky zelerového koreňa. Varte na miernom ohni asi 10 minút alebo do mäkka. Pred podávaním guláša vyberte a zlikvidujte bobkový list. Každú porciu posypeme nasekanou petržlenovou vňaťou.

FRANCÚZSKE JAHŇACIE KOTLETY S GRANÁTOVÝM JABLKOM A DAŤĽOVÝM CHUTNEY

PRÍPRAVA: 10 minút varenie: 18 minút chladenie: 10 minút príprava: 4 porcie

TERMÍN "FRANCÚZSKY" SA VZŤAHUJE NA REBROZ KTORÉHO BOL OSTRÝM KUCHYNSKÝM NOŽOM ODSTRÁNENÝ TUK, MÄSO A SPOJIVOVÉ TKANIVO. VĎAKA TOMU JE PREZENTÁCIA ATRAKTÍVNA. POŽIADAJTE SVOJHO MÄSIARA, ABY TO UROBIL, ALEBO TO MÔŽETE UROBIŤ SAMI.

ČATNI
  ½ šálky nesladenej šťavy z granátového jablka
  1 polievková lyžica čerstvej citrónovej šťavy
  1 šalotka, ošúpaná a nakrájaná na tenké plátky
  1 lyžička nadrobno nasekanej pomarančovej kôry
  ⅓ šálky nasekaných datlí Medjool
  ¼ lyžičky mletej červenej papriky
  ¼ šálky granátových jabĺk*
  1 lyžica olivového oleja
  1 polievková lyžica nasekanej čerstvej talianskej (plochý) petržlenovej vňate

JAHNACIE KOTLETKY
  2 polievkové lyžice olivového oleja
  8 francúzskych rebier na jahňacie kotlety

1. Pre chutney zmiešajte v malom hrnci šťavu z granátového jablka, citrónovú šťavu a šalotku. Priviesť do varu; znížiť teplo. Odkryté dusíme 2 minúty. Pridajte

pomarančovú kôru, datle a drvenú červenú papriku. Necháme vychladnúť, asi 10 minút. Pridajte granátové jablká, 1 polievkovú lyžicu olivového oleja a petržlenovú vňať. Uchovávajte pri izbovej teplote až do času podávania.

2. Na kotlety zohrejte 2 polievkové lyžice olivového oleja vo veľkej panvici na strednom ohni. Pri práci v dávkach pridajte kotlety na panvicu a varte 6 až 8 minút na strednom ohni (145 ° F), raz otočte. Kotlety obložíme chutney.

*Poznámka: Čerstvé granátové jablká a ich zemiaky alebo semená sú k dispozícii od októbra do februára. Ak ich nenájdete, použite nesladené sušené semienka, aby ste do horúcej omáčky pridali chrumkavosť.

CHIMICHURRI JAHŇACIE KOTLETY S OCHUTENÝM ČAKANKOVÝM ŠALÁTOM

PRÍPRAVA: 30 minút Marinovanie: 20 minút Varenie: 20 minút
Urobte: 4 porcie

V ARGENTÍNE JE CHIMICHURRI NAJOBĽÚBENEJŠÍM KORENÍM SPREVÁDZANÝ SLÁVNYM GRILOVANÝM STEAKOM V ŠTÝLE GAUCHO Z TEJTO KRAJINY. EXISTUJE VEĽA VARIÁCIÍ, ALE HUSTÁ BYLINKOVÁ OMÁČKA SA ZVYČAJNE VYRÁBA Z PETRŽLENOVEJ VŇATE, KORIANDRA ALEBO OREGANA, ŠALOTKY A/ALEBO CESNAKU, DRVENEJ ČERVENEJ PAPRIKY, OLIVOVÉHO OLEJA A ČERVENÉHO VÍNNEHO OCTU. VYNIKAJÚCI JE KU GRILOVANÉMU STEAKU, ALE ROVNAKO BRILANTNÝ KU GRILOVANÉMU ALEBO OPEČENÉMU BRAVČOVÉMU MÄSU, KURACÍM A JAHŇACÍM KOTLETÁM.

8 kotlet z jahňacieho chrbta, nakrájaných na hrúbku 1 palca
½ šálky chimichurri omáčky (pozri recept)
2 polievkové lyžice olivového oleja
1 sladká cibuľa, rozpolená a nakrájaná
1 lyžička semienok rasce, mleté*
1 strúčik cesnaku, jemne nasekaný
1 hlava čakanky, zbavená jadier a nakrájaná na tenké plátky
1 lyžica balzamikového octu

1. Jahňacie kotlety vložte do extra veľkej misy. Pokvapkajte 2 polievkovými lyžicami omáčky Chimichurri. Pomocou prstov potrieme omáčku po celej ploche každej kotlety. Kotlety necháme 20 minút marinovať pri izbovej teplote.

2. Medzitým zohrejte 1 lyžicu olivového oleja na extra veľkej panvici na šalát. Pridajte cibuľu, rascu a cesnak; varte 6 až 7 minút alebo kým cibuľa nezmäkne, za častého miešania. Pridajte radicchio; varte 1 až 2 minúty alebo kým čakanka mierne nezvädne. Šalát preložíme do veľkej misy. Pridajte balzamikový ocot a dobre premiešajte, aby sa spojili. Prikryte a udržujte v teple.

3. Vyčistite panvicu. Pridajte zvyšnú lyžicu olivového oleja na panvicu a zohrejte na stredne vysokú teplotu. Pridajte jahňacie kotlety; znížiť teplo na stredné. Varte 9 až 11 minút alebo do požadovanej pripravenosti, pričom kotlety občas otočte kliešťami.

4. Kotlety podávame so šalátom a zvyškom omáčky chimichurri.

*Poznámka: Na rozdrvenie semien rasce použite treciu misku s tĺčikom alebo semená položte na dosku a rozdrvte kuchárskym nožom.

SARDELOVO-SALVIOVE TRENE JAHNACIE KOTLETY S MRKVOVO-BATATOVOU REMULADOU

PRÍPRAVA: 12 minút Chladenie: 1 až 2 hodiny Grilovanie: 6 minút Príprava: Podáva 4

EXISTUJU TRI DRUHY JAHNACICH KOTLETIEK. HRUBE MÄSITE KUSKY SVIECKOVICE VYZERAJU AKO MALE REBROVE OKA. REBROVE KOTLETY, KTORE SA TU NAZÝVAJU, SA VYRABAJU KRAJANIM MEDZI NOHAMI JAHNACIEHO ROSTU. SU VELMI MÄKKE A MAJU ATRAKTIVNU DLHU NOHU NA BOKU. ČASTO SA PODAVAJU GRILOVANE ALEBO GRILOVANE. LACNE KOTLETY Z PLECA SU O NIECO MASTNEJSIE A MENEJ JEMNE AKO OSTATNE DVA DRUHY. NAJLEPSIE JE OPRAZIT ICH A POTOM ICH PODUSIT VO VINE, VÝVARE A PARADAJKACH ALEBO V KOMBINACII OBOCH.

- 3 stredné mrkvy, nahrubo nasekané
- 2 malé sladké zemiaky nakrájané* alebo nahrubo nakrájané
- ½ šálky Paleo Mayo (pozri recept)
- 2 lyžice čerstvej citrónovej šťavy
- 2 čajové lyžičky horčice dijonského typu (pozri recept)
- 2 lyžice nasekanej čerstvej petržlenovej vňate
- ½ lyžičky čierneho korenia
- 8 jahňacích kotletiek, nakrájaných na plátky s hrúbkou ½ až ¾ palca
- 2 lyžice nasekanej čerstvej šalvie alebo 2 lyžičky sušenej šalvie, drvenej
- 2 čajové lyžičky mletého ancho čili
- ½ lyžičky cesnakového prášku

1. Na remuládu kombinujte mrkvu a sladké zemiaky v strednej miske. V malej miske zmiešajte Paleo Mayo, citrónovú šťavu, dijonskú horčicu, petržlenovú vňať a čierne korenie. Nalejte mrkvu a sladké zemiaky; hodiť do krytu Prikryte a dajte do chladničky na 1 až 2 hodiny.

2. Medzitým v malej miske zmiešajte šalviu, ancho čili a cesnakový prášok. Zmesou korenia potrieme jahňacie kotlety.

3. Pri grile na drevené uhlie alebo plynovom grile položte jahňacie kotlety na gril priamo na strednú teplotu. Prikryte a pečte 6 až 8 minút pre stredne vzácne (145 °F) alebo 10 až 12 minút pre stredne vzácne (150 °F), pričom v polovici pečenia raz otočte.

4. Jahňacie kotlety podávame s remuladou.

*Poznámka: Na krájanie sladkých zemiakov použite mandolínu s nástavcom julienne.

JAHŇACIE KOTLETY SO ŠALOTKOU, MÄTOU A OREGANOM

PRÍPRAVA:20 minút Marinovanie: 1 až 24 hodín Grilovanie: 40 minút Grilovanie: 12 minút Príprava: Porcie 4

ROVNAKO AKO U VÄČŠINY MARINOVANÝCH DRUHOV MÄSA,ČÍM DLHŠIE NECHÁTE BYLINKOVÚ ZMES NA JAHŇACÍCH KOTLETÁCH PRED VARENÍM, TÝM BUDÚ CHUTNEJŠIE. EXISTUJE JEDNA VÝNIMKA Z TOHTO PRAVIDLA, A TO KEĎ POUŽÍVATE MARINÁDU, KTORÁ OBSAHUJE VYSOKO KYSLÉ PRÍSADY, AKO JE CITRUSOVÁ ŠŤAVA, OCOT A VÍNO. AK NECHÁTE MÄSO V KYSLEJ MARINÁDE PRÍLIŠ DLHO, ZAČNE SA ROZPADÁVAŤ A STÁVA SA KAŠOVITÝM.

JAHŇACIE

- 2 lyžice nadrobno nakrájanej šalotky
- 2 polievkové lyžice jemne nasekanej čerstvej mäty
- 2 polievkové lyžice jemne nasekaného čerstvého oregana
- 5 lyžičiek stredomorského korenia (pozri recept)
- 4 lyžičky olivového oleja
- 2 strúčiky cesnaku, jemne nasekané
- 8 jahňacích kotletiek nakrájaných na hrúbku asi 1 palec

ŠALAT

- ¾ libry mladej repy, orezanej
- 1 lyžica olivového oleja
- ¼ šálky čerstvej citrónovej šťavy
- ¼ šálky olivového oleja
- 1 polievková lyžica nadrobno nakrájanej šalotky
- 1 lyžička horčice dijonského typu (pozri recept)
- 6 šálok miešanej zeleniny

4 lyžice nakrájanej pažítky

1. Pre jahňacie zmiešajte v malej miske 2 polievkové lyžice každej šalotky, mätu, oregano, 4 čajové lyžičky stredomorského korenia a 4 čajové lyžičky olivového oleja. Jahňacie kotlety posypte zo všetkých strán; trieť prstami. Usporiadajte kotlety na tanier; prikryte plastovou fóliou a nechajte v chladničke aspoň 1 hodinu alebo až 24 hodín marinovať.

2. Na šalát predhrejte rúru na 400°F. Dobre rozotrite repu; nakrájame na plátky Vložte do 2-litrovej zapekacej misy. Pokvapkáme 1 lyžicou olivového oleja. Nádobu prikryte hliníkovou fóliou. Pečte asi 40 minút alebo kým repa nezmäkne. Úplne vychladnúť. (Cviklu je možné upiecť až 2 dni vopred.)

3. Zmiešajte citrónovú šťavu, ¼ šálky olivového oleja, 1 polievkovú lyžicu šalotky, dijonskú horčicu a zvyšnú 1 čajovú lyžičku stredomorského korenia v nádobe so skrutkovacím uzáverom. Prikryte a dobre pretrepte. V šalátovej miske kombinujte repu a zeleninu; zalejte trochou vinaigrette.

4. Pri grile na drevené uhlie alebo plynovom grile položte kotlety na naolejovaný gril priamo na strednom ohni. Prikryte a grilujte na požadovanú teplotu, pričom v polovici pečenia raz otočte. Nechajte 12 – 14 minút pri stredne surovej (145 °F) alebo 15-17 minút pri strednej (160 °F).

5. Na servírovanie položte 2 jahňacie kotlety a trochu šalátu na každý zo štyroch servírovacích tanierov. Navrch posypeme pažítkou. Prejdite zostávajúci vinaigrette.

JAHNACIE HAMBURGERY PLNENE ZO ZAHRADY S COULIS Z CERVENEJ PAPRIKY

PRIPRAVA:20 minút Odpočinok: 15 minút Grilovanie: 27 minút
Príprava: 4 porcie

COULIS NIE JE NIC INE AKO JEDNODUCHA A HLADKA OMACKAVYROBENE Z PYRE Z OVOCIA ALEBO ZELENINY. JASNA A KRASNA OMACKA Z CERVENEJ PAPRIKY NA TÝCHTO JAHNACICH BURGEROCH DOSTANE DVOJITU DAVKU DYMU: Z GRILU A STIPKU UDENEJ PAPRIKY.

ČERVENA PAPRIKA COULIS
- 1 veľká červená paprika
- 1 polievková lyžica suchého bieleho vína alebo bieleho vínneho octu
- 1 lyžička olivového oleja
- ½ lyžičky údenej papriky

OBCANIA
- ¼ šálky na kocky nakrájaných nesolených sušených paradajok
- ¼ šálky strúhanej cukety
- 1 lyžica nasekanej čerstvej bazalky
- 2 lyžičky olivového oleja
- ½ lyžičky čierneho korenia
- 1½ libry mletého jahňacieho mäsa
- 1 vaječný bielok, zľahka vyšľahaný
- 1 lyžica stredomorského korenia (viďrecept)

1. Pre červené paprikové coulis položte červenú papriku priamo na gril na strednom ohni. Prikryte a grilujte 15

až 20 minút, alebo kým nezuhoľnie a veľmi zmäkne, pričom papriku každých 5 minút otočte, aby z každej strany zhnedla. Odstráňte z grilu a ihneď vložte do papierového vrecka alebo hliníkovej fólie, aby bola paprika úplne zakrytá. Nechajte odstáť 15 minút, alebo kým nevychladne dostatočne na manipuláciu. Ostrým nožom jemne odstráňte šupky a vyhoďte. Papriku pozdĺžne rozštvrťte a odstráňte stonky, semená a blany. V kuchynskom robote zmiešajte pečenú papriku, víno, olivový olej a údenú papriku. Prikryjeme a spracujeme alebo rozmixujeme do hladka.

2. Medzitým na plnku dáme do malej misky sušené paradajky a zalejeme vriacou vodou. Nechajte pôsobiť 5 minút; odčerpať. Paradajky a nastrúhanú cuketu osušíme papierovými utierkami. V malej miske zmiešajte paradajky, cuketu, bazalku, olivový olej a ¼ lyžičky čierneho korenia; odložiť.

3. Vo veľkej mise zmiešajte mleté jahňacie mäso, vaječný bielok, zvyšnú ¼ lyžičky čierneho korenia a stredomorské korenie; dobre premiešame. Mäsovú zmes rozdeľte na osem rovnakých častí a z každej vytvarujte placku hrubú ¼ palca. Lyžičkou naneste plnku na štyri karbonátky; navrch dáme zvyšné karbonátky, okraje pritlačíme, aby sa utesnila náplň.

4. Umiestnite hamburgery na grilovací rošt priamo na strednú teplotu. Prikryte a pečte 12 až 14 minút alebo do upečenia (160 °F), pričom v strede pečenia otočte.

5. Na servírovanie položte hamburgery s coulis z červenej papriky.

DVOJITÉ JAHŇACIE ŠPÍZY S OREGANOM A TZATZIKI OMÁČKOU

TÝŽDEŇ:30 minút príprava: 20 minút chlad: 30 minút grilovanie: 8 minút príprava: 4 porcie

TIETO JAHŇACIE ŠPÍZY SÚ V PODSTATEZNÁMY V STREDOMORÍ A NA STREDNOM VÝCHODE AKO KOFTA: OCHUTENÉ MLETÉ MÄSO (ZVYČAJNE JAHŇACIE ALEBO HOVÄDZIE MÄSO) SA FORMUJE DO GUĽÔČOK ALEBO OKOLO RAŽŇA A POTOM SA GRILUJE. ČERSTVÉ A SUŠENÉ OREGANO IM DODÁVA ÚŽASNÚ GRÉCKU CHUŤ.

8 10-palcových drevených palíc

JAHNACIE SPIZY

1½ libry chudého mletého jahňacieho mäsa

1 malá cibuľa, nakrájaná a vytlačená

1 lyžica nakrájaného čerstvého oregana

2 čajové lyžičky sušeného oregana, nasekaného

1 lyžička čierneho korenia

TZATZIKI OMÁČKA

1 šálka Paleo Mayo (pozri recept)

½ veľkej uhorky odkôstkovanej, nastrúhanej a vyžmýkanej

2 lyžice čerstvej citrónovej šťavy

1 strúčik cesnaku, jemne nasekaný

1. Špízy namočte na 30 minút do dostatočného množstva vody, aby boli zakryté.

2. Na jahňacie špízy zmiešajte vo veľkej mise mleté jahňacie mäso, cibuľu, čerstvé a sušené oregano a korenie; dobre premiešame. Jahňaciu zmes rozdeľte na osem

rovnakých častí. Každú časť vytvarujte okolo polovice špajle, čím vytvoríte poleno s rozmermi 5 x 1 palca. Prikryte a dajte do chladničky aspoň na 30 minút.

3. Medzitým na omáčku Tzatziki zmiešajte v malej miske Paleo Mayo, uhorku, citrónovú šťavu a cesnak. Prikryte a nechajte v chladničke až do podávania.

4. Pri grile na drevené uhlie alebo plynovom grile položte jahňacie ražne na gril priamo na strednom ohni. Prikryte a pečte asi 8 minút pri strednej teplote (160 °F), pričom v polovici pečenia raz otočte.

5. Jahňacie špízy podávame s omáčkou tzatziki.

PEČENÉ KURA SO ŠAFRÁNOM A CITRÓNOM

PRÍPRAVA: 15 minút Chladenie: 8 hodín Grilovanie: 1 hodina 15 minút Odpočinok: 10 minút Príprava: 4 porcie

ŠAFRAN SU SUSENE TYCINKYDRUHU KROKUSOVEHO KVETU. JE TO DRAHE, ALE TROCHU JE TO DALEKO. TOMUTO VYPRAZANEMU KURCATU S CHRUMKAVOU KOZOU DODAVA SVOJU VÝRAZNU ZEMITU CHUT A KRASNY ZLTÝ ODTIEN.

- 1 celé kura, 4 až 5 libier
- 3 lyžice olivového oleja
- 6 strúčikov cesnaku, rozdrvených a olúpaných
- 1½ lyžice jemne nastrúhanej citrónovej kôry
- 1 lyžica čerstvého tymiánu
- 1½ lyžičky mletého čierneho korenia
- ½ čajovej lyžičky šafranových nití
- 2 bobkové listy
- 1 citrón, nakrájaný na štvrtiny

1. Odstráňte krk a črevá z kuracieho mäsa; zlikvidujte alebo uložte na iné použitie. Opláchnite dutinu kurčaťa; osušte papierovými utierkami. Z kurčaťa odstráňte prebytočnú kožu alebo tuk.

2. V kuchynskom robote zmiešajte olivový olej, cesnak, citrónovú kôru, tymian, korenie a šafran. Spracujte, aby ste vytvorili hladkú pastu.

3. Pastou potrite prstami vonkajší povrch kurčaťa a vnútornú dutinu. Presuňte kurča do veľkej misy; prikryte a dajte do chladničky aspoň na 8 hodín alebo cez noc.

4. Predhrejte rúru na 425 °F. Umiestnite štvrtky citróna a bobkové listy do dutiny kurčaťa. Nohy zviažte kuchynským špagátom zo 100% bavlny. Zastrčte krídla pod kura. Vložte teplomer na pečenie mäsa do vnútorného stehenného svalu bez toho, aby ste sa dotkli kosti. Položte kurča na stojan vo veľkej pekáči.

5. Grilujte 15 minút. Znížte teplotu rúry na 375 ° F. Pečte ešte asi 1 hodinu alebo kým šťava nevyčnie a teplomer nezaznamená 175 °F. Kurací stan s hliníkovou fóliou. Pred krájaním nechajte 10 minút odpočívať.

VYPRÁŽANÉ KURACIE MÄSO S JICAMA ŠALÁTOM

PRÍPRAVA:40 minút grilovanie: 1 hodina 5 minút odpočinok: 10 minút príprava: 4 porcie

"SPATCHCOCK" JE STARÝ KULINÁRSKY VÝRAZKTORÝ SA NEDÁVNO OPÄŤ POUŽIL NA OPÍSANIE PROCESU ROZDELENIA MALÉHO VTÁKA, AKO JE KURA ALEBO CORNWALLSKÁ SLIEPKA, A NÁSLEDNÉHO OTVORENIA A SPLOŠTENIA AKO KNIHY, ABY SA VARENIE RÝCHLEJŠIE A ROVNOMERNEJŠIE. JE PODOBNÝ MOTÝĽOVI, ALE VZŤAHUJE SA LEN NA HYDINU.

KURA
- 1 poblano chile
- 1 polievková lyžica nadrobno nakrájanej šalotky
- 3 strúčiky cesnaku nakrájané nadrobno
- 1 lyžička jemne nastrúhanej citrónovej kôry
- 1 lyžička jemne nastrúhanej limetkovej kôry
- 1 lyžička údeného korenia (viď_recept_)
- ½ lyžičky sušeného oregana, nasekaného
- ½ lyžičky mletého kmínu
- 1 lyžica olivového oleja
- 1 celé kura, 3 až 3½ libry

KAPUSTOVÝ ŠALÁT
- ½ strednej jicamy, olúpané a zbavené julienu (asi 3 šálky)
- ½ šálky na tenké plátky nakrájanej pažítky (4)
- 1 jablko Granny Smith, olúpané, zbavené jadrovníkov a zbavené julienu
- ⅓ šálky nasekaného čerstvého koriandra
- 3 lyžice čerstvej pomarančovej šťavy

3 lyžice olivového oleja

1 lyžička citrónovo-bylinkového korenia (viď<u>recept</u>)

1. Pri grile na drevené uhlie položte stredne horúce uhlie na jednu stranu grilu. Pod prázdnu stranu stojana umiestnite odkvapkávaciu misku. Poblano položte na grilovací rošt priamo na mierne uhlie. Zakryte a grilujte 15 minút alebo kým poblano nie je zo všetkých strán zuhoľnatené, za občasného otáčania. Poblano ihneď zabaľte do hliníkovej fólie; necháme 10 minút postáť. Otvorte fóliu a rozrežte poblano pozdĺžne na polovicu; odstráňte stonky a semená (pozri<u>stopa</u>). Pomocou ostrého noža jemne odstráňte kožu a zlikvidujte. Poblano nakrájame nadrobno. (Pri plynovom grile predhrejte gril; znížte teplotu na strednú úroveň. Nastavte na nepriame varenie. Grilujte podľa vyššie uvedeného postupu nad zapáleným horákom.)

2. Na dresing zmiešajte v malej miske poblano korenie, šalotku, cesnak, citrónovú kôru, limetkovú kôru, dymový dresing, oregano a rascu. Pridať olej; dobre premiešajte, aby ste vytvorili pastu.

3. Ak chcete kura okúpať, vyberte z kura krkovičku a vnútornosti (odložte na iné použitie). Kuracie mäso položte prsiami nadol na reznú dosku. Pomocou kuchynských nožníc narežte jednu stranu panenky pozdĺžne, začnite na strane krku. Pozdĺžny rez zopakujte na opačnej strane chrbtice. Odstráňte a zlikvidujte chrbticu. Kuracie mäso otočte kožou nahor. Zatlačte medzi prsia, aby ste zlomili hrudnú kosť, aby kurča ležalo naplocho.

4. Začnite od krku na jednej strane pŕs, vsuňte prsty medzi kožu a mäso, pričom kožu uvoľníte, keď budete postupovať po stehne. Uvoľnite kožu okolo stehna. Opakujte na druhej strane. Prstami votrite mäso pod kožu kurčaťa.

5. Kuracie mäso položte prsiami nadol na grilovací rošt nad odkvapkávacou panvicou. Hmotnosť s dvoma tehlami zabalenými do fólie alebo veľkou liatinovou panvicou. Prikryte a pečte 30 minút. Otočte kurča kosťou nadol na stojan, znova odvážte tehlami alebo panvicou. Pečieme zakryté ešte asi 30 minút, alebo kým kura už nie je ružové (175°F v stehennom svale). Odstráňte kurča z grilu; necháme 10 minút postáť. (Pri plynovom grile položte kurča na grilovací rošt mimo dosahu tepla. Grilujte ako je uvedené vyššie.)

6. Medzitým na šalát vo veľkej mise kombinujte jicamu, cibuľku, jablko a koriandr. V malej miske vyšľaháme pomarančovú šťavu, olej a citrónovo-bylinkové korenie. Nalejte zmes jicama a premiešajte, aby sa obalila. Kuracie mäso podávame so šalátom.

PEČENÉ KURACIE ZADNÉ S VODKOU, MRKVOU A KEČUPOM

PRÍPRAVA:15 minút Varenie: 15 minút Grilovanie: 30 minút
Príprava: 4 porcie

VODKA MÔŽE BYŤ VYROBENÁ Z RÔZNYCHRÔZNE POTRAVINY, VRÁTANE ZEMIAKOV, KUKURICE, RAŽE, PŠENICE A JAČMEŇA, DOKONCA AJ HROZNA. AJ KEĎ V TEJTO OMÁČKE NIE JE VEĽA VODKY, AK JU ROZDELÍTE NA ŠTYRI PORCIE, HĽADAJTE VODKU VYROBENÚ ZO ZEMIAKOV ALEBO HROZNA, ABY STE SPLNILI PALEO POŽIADAVKY.

- 3 lyžice olivového oleja
- 4 vykostené alebo mäsité kuracie zadné štvrtky, zbavené kože
- 1 28-uncová plechovka slivkových paradajok bez pridania soli, scedené
- ½ šálky jemne nakrájanej cibule
- ½ šálky jemne nakrájanej mrkvy
- 3 strúčiky cesnaku nakrájané nadrobno
- 1 lyžička stredomorského korenia (pozri_recept_)
- ⅛ lyžičky kajenského korenia
- 1 vetvička čerstvého rozmarínu
- 2 polievkové lyžice vodky
- 1 polievková lyžica nasekanej čerstvej bazalky (voliteľné)

1. Predhrejte rúru na 375 °F. Zohrejte 2 polievkové lyžice oleja na stredne vysokej teplote v extra veľkej panvici. Pridajte kuracie mäso; varte asi 12 minút alebo do zhnednutia, pričom rovnomerne zhnednú. Vložte misku do predhriatej rúry. Restujeme odokryté 20 minút.

2. Medzitým kuchynskými nožnicami nakrájajte paradajky na omáčku. Zvyšnú 1 polievkovú lyžicu oleja zohrejte v strednom hrnci na strednom ohni. Pridajte cibuľu, mrkvu a cesnak; varte 3 minúty alebo do mäkka za častého miešania. Pridajte nakrájané paradajky, stredomorské korenie, červenú papriku a vetvičky rozmarínu. Priveďte do varu na stredne vysokej teplote; znížiť teplo. Odkryté dusíme 10 minút za občasného miešania. Pridajte vodku; varte ešte 1 minútu; odstráňte a zlikvidujte vetvičku rozmarínu.

3. Kuracie mäso na panvici polejeme omáčkou. Vráťte panvicu do rúry. Grilujte prikryté ešte asi 10 minút alebo kým kurča nie je mäkké a už nie je ružové (175 °F). Ak chcete, posypte bazalkou.

POULET RÔTI A KALERÁBOVÉ ZEMIAKY

PRÍPRAVA: 40 minút pečenia: 40 minút príprava: 4 porcie

CHRUMKAVÉ HRANOLKY RUTABAGA SÚ VYNIKAJÚCE PODÁVAME S GRILOVANÝM KURACÍM MÄSOM A ŠŤAVOU, ALE ROVNAKO CHUTNÉ SÚ AJ SAMOTNÉ A PODÁVANÉ S PALEO PARADAJKOVOU OMÁČKOU (POZRI RECEPT) ALEBO PODÁVANÉ NA BELGICKÝ SPÔSOB S PALEO AIOLI (CESNAKOVÁ MAJONÉZA, VIĎ RECEPT).

6 lyžíc olivového oleja
1 lyžica stredomorského korenia (viď recept)
4 vykostené kuracie stehná bez kože (celkovo asi 1¼ libry)
4 kuracie stehná bez kože (celkom asi 1 libra)
1 šálka suchého bieleho vína
1 šálka vývaru z kuracích kostí (viď recept) alebo kurací vývar bez pridania soli
1 malá cibuľa, nakrájaná na štvrtiny
Olivový olej
1½ až 2 libry rutabagas
2 lyžice nasekanej čerstvej pažítky
Čierne korenie

1. Predhrejte rúru na 400 °F. V malej miske zmiešajte 1 lyžicu olivového oleja a stredomorské korenie; potrieme kuracie kúsky. V extra veľkej panvici zohrejte 2 lyžice oleja. Pridajte kuracie kúsky mäsovou stranou nadol. Varte odkryté asi 5 minút alebo do zhnednutia. Odstráňte panvicu z tepla. Kuracie kúsky otočte opečenými stranami nahor. Pridajte víno, vývar z kuracích kostí a cibuľu.

2. Vložte panvicu do rúry na stredný rošt. Odkryté pečieme 10 minút.

3. Medzitým na hranolky zľahka vymastíme veľký plech na pečenie olivovým olejom; odložiť. Kaleráb ošúpeme. Ostrým nožom nakrájajte rutabagy na ½-palcové plátky. Plátky nakrájajte pozdĺžne na ½-palcové prúžky. Prúžky rutabagy vhoďte do veľkej misy so zvyšnými 3 lyžicami oleja. Rozložte prúžky rutabaga v jednej vrstve na pripravený plech na pečenie; vložte do rúry na horný rošt. Pečieme 15 minút; Hranolky. Kuracie mäso pečieme ďalších 10 minút alebo kým už nebude ružové (175 °F). Vyberte kurča z rúry. Hranolky pečieme 5 až 10 minút alebo kým nebudú zlatisté a mäkké.

4. Odstráňte kurča a cibuľu z panvice, šťavu si nechajte. Kuracie mäso a cibuľu prikryte, aby zostali teplé. Šťavy priveďte do varu na strednom ohni; znížiť teplo. Odkryté dusíme ešte asi 5 minút alebo kým sa šťava mierne nezredukuje.

5. Na servírovanie pridajte hranolky s pažítkou a dochuťte korením. Kuracie mäso podávajte so šťavou z varenia a hranolkami.

TROJITÝ HUBOVÝ COQ AU VIN S RUTABAGA PYRE S PAZITKOU

PRÍPRAVA:15 minút varenie: 1 hodina 15 minút príprava: 4 až 6 porcií

AK JE V NÁDOBE ŠTRKPO NAMOČENÍ SUŠENÝCH HÚB, A PRAVDEPODOBNE AJ BUDE, PRECEDÍME TEKUTINU CEZ DVOJHRUBÚ GÁZU UMIESTNENÚ V SITKU S JEMNÝMI OKAMI.

- 1 unca sušených hríbov alebo smržov
- 1 šálka vriacej vody
- 2 až 2½ libry kuracích stehien a stehien, odstránená koža
- Čierne korenie
- 2 polievkové lyžice olivového oleja
- 2 stredné póry, pozdĺžne rozpolené, umyté a nakrájané na tenké plátky
- 2 šampiňóny portobello, nakrájané na plátky
- 8 uncí čerstvej hlivy ustricovej, ošúpanej a nakrájanej na plátky, alebo nakrájaných čerstvých húb
- ¼ šálky paradajkového pretlaku bez pridania soli
- 1 lyžička sušeného majoránu, drveného
- ½ lyžičky sušeného tymiánu, nasekaného
- ½ šálky suchého červeného vína
- 6 šálok vývaru z kuracích kostí (viď<u>recept</u>) alebo kurací vývar bez pridania soli
- 2 bobkové listy
- 2 až 2½ libry rutabagas, olúpané a nasekané
- 2 lyžice nasekanej čerstvej pažítky
- ½ lyžičky čierneho korenia
- nasekaný čerstvý tymián (voliteľné)

1. Spojte hríby a vriacu vodu v malej miske; necháme 15 minút odpočívať. Odstráňte huby a nechajte si namáčaciu tekutinu. Nakrájajte huby. Huby a namáčanú tekutinu odložte.

2. Kurča posypeme korením. Zahrejte 1 polievkovú lyžicu olivového oleja na stredne vysokej teplote v extra veľkej panvici s tesne priliehajúcim vekom. Kuracie kúsky varte v dvoch dávkach na horúcom oleji asi 15 minút do zhnednutia, raz otočte. Odstráňte kurča z panvice. Pridajte pór, šampiňóny portobello a hlivu. Varte 4 až 5 minút, alebo kým huby nezačnú hnednúť, za občasného miešania. Pridajte paradajkový pretlak, majoránku a tymian; varíme a miešame 1 minútu. Pridajte víno; varíme a miešame 1 minútu. Pridajte 3 šálky vývaru z kuracích kostí, bobkové listy, ½ šálky odloženej tekutiny na namáčanie húb a rehydratované nakrájané huby. Vráťte kurča do panvice. Priviesť do varu; znížiť teplo. Dusíme prikryté asi 45 minút alebo kým kurča nezmäkne, pričom ho v polovici varenia raz otočíme.

3. Medzitým zmiešajte rutabagy a zvyšné 3 šálky vývaru vo veľkom hrnci. Ak je to potrebné, pridajte vodu, aby ste zakryli rutabagy. Priviesť do varu; znížiť teplo. Za občasného miešania dusíme odkryté 25 až 30 minút alebo kým rutabagy nezmäknú. Vypustite rutabagas, rezervujte si tekutinu. Vráťte rutabagy do hrnca. Pridajte zvyšnú lyžicu olivového oleja, pažítku a ½ lyžičky korenia. Roztlačte zmes rutabaga pomocou drviča na zemiaky a podľa potreby pridajte tekutinu na varenie, aby ste dosiahli požadovanú konzistenciu.

4. Odstráňte bobkové listy z kuracieho mäsa; zahodiť. Podávajte kuracie mäso a omáčku na rutabagas pyré. Ak chcete, posypte čerstvým tymianom.

GLAZOVANÉ STEHNÁ S BROSKYŇOVOU BRANDY

PRÍPRAVA: 30 minút na grilovanie: 40 minút na prípravu: 4 porcie

TIETO KURACIE STEHNÁ SÚ DOKONALÉ.S CHRUMKAVÝM ŠALÁTOM A PIKANTNÝMI PEČENÝMI BATÁTOVÝMI HRANOLKAMI Z TUNISKÉHO RECEPTU SPICE RUBBED BRAVČOVÉ PLIECKO (VIĎ.RECEPT). TU ZOBRAZENÉ S CHRUMKAVÝM ŠALÁTOM COLESLAW S REĎKOVKOU, MANGOM A MÄTOU (POZRIRECEPT).

GLAZURA BROSKYNOVEHO BRANDY
- 1 lyžica olivového oleja
- ½ šálky nakrájanej cibule
- 2 čerstvé stredné broskyne, rozpolené, vykôstkované a nakrájané
- 2 lyžice brandy
- 1 šálka BBQ omáčky (viď recept)
- 8 kuracích stehien (celkom 2 až 2½ libry), v prípade potreby odstráňte kožu

1. Na polevu zohrejte olivový olej v strednom hrnci na strednom ohni. Pridajte cibuľu; varte asi 5 minút alebo do mäkka, občas premiešajte. Pridajte broskyne. Zakryte a za občasného miešania varte 4 až 6 minút alebo kým broskyne nezmäknú. Pridajte brandy; varíme odokryté 2 minúty za občasného miešania. Mierne vychladnúť. Presuňte broskyňovú zmes do mixéra alebo kuchynského robota. Prikryjeme a rozmixujeme alebo spracujeme do hladka. Pridajte barbecue omáčku. Prikryjeme a rozmixujeme alebo spracujeme do hladka.

Vráťte omáčku do hrnca. Varte na miernom ohni, kým sa neprehreje. Preneste ¾ šálky omáčky do malej misky na podlievanie kurčaťa. Zvyšnú omáčku udržujte teplú, aby ste ju mohli podávať s grilovaným kuracím mäsom.

2. Pri grile na drevené uhlie položte na odkvapkávaciu panvicu stredne horúce uhlíky. Vyskúšajte strednú teplotu na odkvapkávacej tácke. Kuracie stehná položte na grilovací rošt nad odkvapkávacím plechom. Zakryte a pečte 40 až 50 minút, alebo kým kura už nie je ružové (175°F), v polovici pečenia ho otočte a potrite ¾ šálky brandy broskyňovej glazúry počas posledných 5 až 10 minút. (Pri plynovom grile predhrejte gril. Znížte teplotu na strednú úroveň. Nastavte teplotu na nepriame varenie. Pridajte kuracie stehná na grilovací rošt bez prehriatia. Prikryte a grilujte podľa pokynov.) .

CHILLI MARINOVANÉ KURA S MELÓNOM A MANGOVÝM ŠALÁTOM

PRÍPRAVA: 40 minút chladenie/marinovanie: 2-4 hodiny grilovanie: 50 minút príprava: 6-8 porcií

ANCHO CHILE JE SUCHÉ POBLANO— JASNÉ, SÝTO ZELENÉ ČILI S INTENZÍVNE SVIEŽOU CHUŤOU. ANCHO CHILLI MAJÚ MIERNE OVOCNÚ CHUŤ S NÁDYCHOM SLIVKY ALEBO HROZIENOK A LEN NÁZNAKOM HORKOSTI. CHILES V NOVOM MEXIKU MÔŽU BYŤ MIERNE HORÚCE. TOTO SÚ TMAVOČERVENÉ CHILLI PAPRIČKY ZVIAZANÉ A ZAVESENÉ V RISTRACH, FAREBNÝCH ARANŽMÁNOCH SUŠENÝCH CHILLI, V ČASTIACH JUHOZÁPADU.

KURA
  2 sušené čili papričky z Nového Mexika
  2 sušené ancho čili
  1 šálka vriacej vody
  3 lyžice olivového oleja
  1 veľká sladká cibuľa, ošúpaná a nahrubo nakrájaná
  4 rómske paradajky bez kôstky
  1 lyžica mletého cesnaku (6 strúčikov)
  2 lyžičky mletého kmínu
  1 lyžička sušeného oregana, nasekaného
  16 kuracích stehien

ŠALAT
  2 šálky melónu nakrájaného na kocky
  2 šálky melasy nakrájanej na kocky

2 šálky nasekaného manga

¼ šálky čerstvej citrónovej šťavy

1 lyžička čili prášku

½ lyžičky mletého kmínu

¼ šálky nasekaného čerstvého koriandra

1. Z kuracieho mäsa odstráňte stonky a semená zo sušeného Nového Mexika a ancho čili. Zohrejte veľkú panvicu na strednom ohni. Chilli grilujte na panvici 1 až 2 minúty alebo kým nebude voňavé a jemne opečené. Vložte pečené čili do malej misky; pridajte vriacu vodu do nádoby. Nechajte stáť aspoň 10 minút alebo kým nie je pripravený na použitie.

2. Predhrejte gril. Plech na pečenie vysteľte hliníkovou fóliou; naneste 1 lyžicu olivového oleja na hliníkovú fóliu. Na panvici poukladajte plátky cibule a paradajky. Grilujte asi 4 palce z tepla po dobu 6 až 8 minút alebo kým nezuhoľnatejú. Chilli sceďte, vodu si nechajte.

3. Na marinádu zmiešajte čili, cibuľu, paradajky, cesnak, rascu a oregano v mixéri alebo kuchynskom robote. Zakryte a rozmixujte alebo spracujte do hladka, pričom podľa potreby pridajte odloženú vodu, aby ste dosiahli požadovanú konzistenciu a pyré.

4. Vložte kurča do veľkého uzatvárateľného plastového vrecka do plytkej misky. Nalejte kurča vo vrecku marinádou a otočte vrecko, aby sa rovnomerne obalilo. Marinujte v chladničke 2 až 4 hodiny, pričom vrecko občas otočte.

5. Na šalát zmiešajte melón, medovku, mango, limetkovú šťavu, zvyšné 2 polievkové lyžice olivového oleja, čili

prášok, rascu a koriandr v extra veľkej miske. Hodiť do kabáta. Prikryte a dajte do chladničky na 1 až 4 hodiny.

6. Pri grile na drevené uhlie položte na odkvapkávaciu panvicu stredne horúce uhlíky. Vyskúšajte strednú teplotu nad panvicou. Kura sceďte, marinádu si nechajte. Položte kurča na grilovací rošt nad odkvapkávacou panvicou. Kuracie mäso potrieme trochou odloženej marinády (prebytočnú marinádu zlikvidujeme). Prikryte a grilujte 50 minút, alebo kým kurča prestane byť ružové (175 °F), pričom ho otočte v polovici pečenia. (Pri plynovom grile predhrejte gril. Znížte teplotu na strednú úroveň. Nastavte na nepriame varenie. Postupujte podľa pokynov a položte kurča na horák, ktorý je vypnutý.) Kuracie stehná podávame so šalátom.

KURACIE STEHNÁ V ŠTÝLE TANDOORI S UHORKOU RAITA

PRÍPRAVA:20 minút Marinovanie: 2 až 24 hodín Grilovanie: 25 minút Príprava: Podáva 4

RAITA SA VYRÁBA Z KEŠUSMOTANA, CITRÓNOVÁ ŠŤAVA, MÄTA, KORIANDER A UHORKA. POSKYTUJE OSVIEŽUJÚCI PROTIPÓL K PÁLIVÉMU A PIKANTNÉMU KURACIEMU MÄSU.

KURA
- 1 cibuľa, nakrájaná na tenké plátky
- 1 2-palcový kúsok čerstvého zázvoru, olúpaný a nakrájaný na štvrtiny
- 4 strúčiky cesnaku
- 3 lyžice olivového oleja
- 2 lyžice čerstvej citrónovej šťavy
- 1 lyžička mletého kmínu
- 1 lyžička mletej kurkumy
- ½ lyžičky mletého nového korenia
- ½ lyžičky mletej škorice
- ½ lyžičky čierneho korenia
- ¼ lyžičky kajenského korenia
- 8 kuracích stehien

UHORKA RAITA
- 1 šálka kešu krému (viď recept)
- 1 polievková lyžica čerstvej citrónovej šťavy
- 1 lyžica nasekanej čerstvej mäty
- 1 lyžica nasekaného čerstvého koriandra
- ½ lyžičky mletého kmínu
- ⅛ lyžičky čierneho korenia

1 stredná uhorka, ošúpaná, vykôstkovaná a nakrájaná na kocky (1 šálka)

Plátky citróna

1. V mixéri alebo kuchynskom robote rozmixujte cibuľu, zázvor, cesnak, olivový olej, citrónovú šťavu, rascu, kurkumu, nové korenie, škoricu, čierne korenie a kajenské korenie. Prikryjeme a rozmixujeme alebo spracujeme do hladka.

2. Špičkou noža prepichnite každé stehno štyri až päťkrát. Vložte paličky do veľkého uzatvárateľného plastového vrecka do veľkej misy. Pridajte cibuľovú zmes; otočte, aby ste prikryli Marinujte v chladničke 2 až 24 hodín, občas vrecko otočte.

3. Predhrejte gril. Odstráňte kuracie mäso z marinády. Pomocou papierových utierok zo stehien zotrieme prebytočnú marinádu. Kuracie stehná položte na mriežku nevyhrievaného pekáča alebo alobalu vystlaného plechu. Grilujte 6 až 8 palcov od zdroja tepla 15 minút. Prevráťte paličky; smažte asi 10 minút, alebo kým kura už nie je ružové (175 °F).

4. Pre raitu zmiešajte v strednej miske kešu smotanu, limetkovú šťavu, mätu, koriandr, rascu a čierne korenie. Jemne pridajte uhorku.

5. Kuracie mäso podávajte s raitou a kolieskami citróna.

DUSENÉ KURACIE KARI S KOREŇOVOU ZELENINOU, ŠPARGĽOU A MÄTOU ZO ZELENÉHO JABLKA

PRÍPRAVA: 30 minút varenie: 35 minút odpočinok: 5 minút
príprava: 4 porcie

- 2 lyžice rafinovaného kokosového oleja alebo olivového oleja
- 2 libry vykostených kuracích pŕs, podľa potreby bez kože
- 1 šálka nakrájanej cibule
- 2 lyžice strúhaného čerstvého zázvoru
- 2 lyžice mletého cesnaku
- 2 polievkové lyžice nesoleného kari
- 2 polievkové lyžice mletého jalapeňo so semienkami (pozri stopa)
- 4 šálky vývaru z kuracích kostí (viď recept) alebo kurací vývar bez pridania soli
- 2 stredné sladké zemiaky (asi 1 libra), olúpané a nakrájané
- 2 stredné repy (asi 6 uncí), ošúpané a nasekané
- 1 šálka nakrájaných odkôstkovaných paradajok
- 8 uncí špargle, orezané a nakrájané na 1-palcové kúsky
- 1 13,5-uncová plechovka obyčajného kokosového mlieka (napríklad Nature's Way)
- ½ šálky nasekaného čerstvého koriandra
- Jablková mäta Relish (pozri recept, nižšie)
- Plátky citróna

1. Zohrejte olej na stredne vysokej teplote v 6-litrovej holandskej rúre. V rozpálenom oleji opražte kuracie mäso v dávkach, rovnomerne opečte asi 10 minút. Položte kurča na tanier; odložiť.

2. Zmeňte teplo na stredné. Do hrnca pridajte cibuľu, zázvor, cesnak, kari a jalapeňo. Varte a miešajte 5 minút alebo kým cibuľa nezmäkne. Pridajte vývar z kuracích kostí, sladké zemiaky, repu a paradajky. Kuracie kúsky vráťte do hrnca a vložte kura do čo najväčšieho množstva tekutiny. Znížte teplo na stredne nízke. Prikryjeme a dusíme 30 minút, alebo kým kura už nie je ružové a zelenina mäkká. Pridajte špargľu, kokosové mlieko a koriandr. Chráňte pred teplom. Nechajte pôsobiť 5 minút. V prípade potreby odrežte kurča od kostí, aby ste ich rovnomerne rozdelili do servírovacích misiek. Podávame s jablkovou mätou a kolieskami limetky.

Jablkový mentol: V kuchynskom robote rozdrvte ½ šálky nesladených kokosových vločiek, kým nebudú jemné. Pridajte 1 šálku čerstvých listov koriandra a poduste; 1 šálka čerstvých listov mäty; 1 jablko Granny Smith, vykôstkované a nakrájané; 2 čajové lyžičky nasekaného jalapeňo so semiačkami (pozri stopa); a 1 polievková lyžica čerstvej citrónovej šťavy. Pulzujte, kým nie je jemne mletý.

ŠALÁT Z PEČENÉHO KURA PAILLARD S MALINAMI, CVIKLOU A PRAŽENÝMI MANDĽAMI

PRÍPRAVA:30 minút Gril: 45 minút Marinovanie: 15 minút Gril: 8 minút Príprava: 4 porcie

- ½ šálky celých mandlí
- 1½ lyžičky olivového oleja
- 1 stredná cvikla
- 1 stredne zlatá cvikla
- 2 6 až 8 oz vykostené polovice kuracích pŕs bez kože
- 2 šálky čerstvých alebo mrazených malín, rozmrazených
- 3 lyžice bieleho alebo červeného vínneho octu
- 2 lyžice nasekaného čerstvého estragónu
- 1 lyžica mletej šalotky
- 1 lyžička horčice dijonského typu (pozri recept)
- ¼ šálky olivového oleja
- Čierne korenie
- 8 šálok jarnej zmesi šalátu

1. V prípade mandlí predhrejte rúru na 400°F. Mandle rozložte na malý plech a zalejte ½ lyžičky olivového oleja. Pečieme asi 5 minút alebo kým nebude voňavé a zlaté. Necháme vychladnúť. (Mandle je možné opekať 2 dni vopred a skladovať vo vzduchotesnej nádobe.)

2. V prípade repy položte každú repu na malý kúsok hliníkovej fólie a pokvapkajte ju ½ lyžičky olivového oleja. Voľne obalte alobal okolo cvikly a položte na plech na pečenie alebo na plech. Pečte repu v rúre pri teplote 400 ° F počas 40 až 50 minút alebo kým nebude mäkká, keď ju prepichnete nožom. Vyberte z rúry a

nechajte odstáť, kým nevychladne dostatočne na manipuláciu. Odstráňte kožu kuchynským nožom. Repu nakrájame na kolieska a odložíme. (Cviklu nemiešajte, aby červená repa nezafarbila zlatistú repu. Cviklu je možné upiecť a dať do chladničky 1 deň vopred. Pred podávaním nechajte zohriať na izbovú teplotu.)

3. Pri kura rozrežte každé kuracie prsia vodorovne na polovicu. Každý kus kurčaťa umiestnite medzi dva kusy plastového obalu. Pomocou paličky na mäso zľahka rozdrvte do hrúbky asi ¾ palca. Vložte kurča do plytkej misky a odložte.

4. Na vinaigrette jemne roztlačte ¾ šálky malín vo veľkej mise metličkou (zvyšné maliny si nechajte na šalát). Pridajte ocot, estragón, šalotku a dijonskú horčicu; šľahať do miešania. Pridajte ¼ šálky olivového oleja tenkým prúdom a šľahajte, aby sa dobre premiešal. Nalejte ½ šálky vinaigrette na kuracie mäso; otočte kurča (zvyšný vinaigrette si nechajte na šalát). Kuracie mäso marinujte pri izbovej teplote 15 minút. Odstráňte kurča z marinády a posypte korením; zvyšnú marinádu vyhoďte do misky.

5. Pri grile na drevené uhlie alebo plynovom grile položte kurča na gril priamo na strednú teplotu. Prikryte a grilujte 8 až 10 minút alebo kým kura už nie je ružové, v polovici pečenia ho raz otočte. (Kura môže byť varené aj na grilovacej panvici.)

6. Zmiešajte šalát, repu a zvyšnú 1¼ šálky malín vo veľkej miske. Nalejte rezervovaný vinaigrette na šalát; zľahka prehodiť na kabát. Rozdeľte šalát medzi štyri

servírovacie taniere; každý navrch položte grilované kuracie prsia. Opečené mandle nasekáme nahrubo a posypeme navrch. Ihneď podávajte.

KURACIE PRSIA PLNENE BROKOLICOU A RABE S OMACKOU Z CERSTVÝCH PARADAJOK A CAESAR SALATOM

PRÍPRAVA: 40 minút varenie: 25 minút príprava: 6 porcií

3 lyžice olivového oleja
2 lyžičky mletého cesnaku
¼ lyžičky mletej červenej papriky
1 libra brokolice rabe, orezaná a nakrájaná
½ šálky nesírených zlatých hrozienok
½ šálky vody
4 5 až 6 uncí vykostené polovice kuracích pŕs bez kože
1 šálka nakrájanej cibule
3 šálky nakrájaných paradajok
¼ šálky nasekanej čerstvej bazalky
2 čajové lyžičky červeného vínneho octu
3 lyžice čerstvej citrónovej šťavy
2 polievkové lyžice Paleo Mayo (pozri_recept_)
2 čajové lyžičky horčice dijonského typu (pozri_recept_)
1 lyžička mletého cesnaku
½ lyžičky čierneho korenia
¼ šálky olivového oleja
10 šálok nasekaného rímskeho šalátu

1. Zohrejte 1 lyžicu olivového oleja vo veľkej panvici na stredne vysokej teplote. Pridajte cesnak a drvenú červenú papriku; varte a miešajte 30 sekúnd alebo kým nezavonia. Pridajte nasekanú brokolicu, hrozienka a ½ šálky vody. Prikryte a varte asi 8 minút alebo kým brokolica nezmäkne a nezmäkne. Odstráňte veko z

panvice; nechajte prebytočnú vodu odpariť. Odložte bokom.

2. Na zábaly rozrežte každé kuracie prsia pozdĺžne na polovicu; každý kus umiestnite medzi dva kusy plastového obalu. Pomocou plochej strany paličky na mäso zľahka naklepte kurča, kým nebude hrubé asi ¼ palca. Na každú rolku položte asi ¼ šálky zmesi brokolice a repy na jeden z krátkych koncov; zrolujte, preložte cez boky, aby ste úplne uzavreli náplň. (Roll-upy je možné pripraviť až 1 deň vopred a nechať ich v chladničke, kým nebudú pripravené na varenie.)

3. Zahrejte 1 lyžicu olivového oleja vo veľkej panvici na stredne vysokej teplote. Pridajte roscón, švom nadol. Varte asi 8 minút alebo do zhnednutia zo všetkých strán, pričom počas varenia dvakrát alebo trikrát otočte. Rolky preložíme na tanier.

4. Na omáčku zohrejte 1 polievkovú lyžicu zvyšného olivového oleja na panvici na strednom ohni. Pridajte cibuľu; varte asi 5 minút alebo kým nie sú priehľadné. Pridajte paradajky a bazalku. Položte rolku na omáčku v panvici. Priveďte do varu na stredne vysokej teplote; znížiť teplo. Prikryjeme a dusíme asi 5 minút, alebo kým sa paradajky nezačnú lámať, ale stále držia tvar a rolky sa prehrievajú.

5. Na dresing zmiešajte v malej miske citrónovú šťavu, Paleo Mayo, dijonskú horčicu, cesnak a čierne korenie. Pokvapkajte ¼ šálky olivového oleja, šľahajte, kým nezomulguje. Vo veľkej mise zmiešame dresing s nasekanou rímskou rascou. Na servírovanie rozdeľte

rímsky šalát na šesť servírovacích tanierov. Nakrájajte roscón a položte ho na rímsky šalát; poliate paradajkovou omáčkou.

GRILOVANÉ KURACIE SHAWARMA WRAPY S PIKANTNOU ZELENINOU A OMÁČKOU Z PÍNIOVÝCH ORIEŠKOV

PRÍPRAVA: 20 minút Marinovanie: 30 minút Gril: 10 minút
Príprava: 8 zábalov (4 porcie)

- 1 ½ libry vykostené polovice kuracích pŕs bez kože, nakrájané na 2-palcové kúsky
- 5 lyžíc olivového oleja
- 2 lyžice čerstvej citrónovej šťavy
- 1 ¾ lyžičky mletého kmínu
- 1 lyžička mletého cesnaku
- 1 lyžička papriky
- ½ lyžičky kari
- ½ lyžičky mletej škorice
- ¼ lyžičky kajenského korenia
- 1 stredná cuketa, nakrájaná na polovicu
- 1 malý baklažán nakrájaný na ½-palcové plátky
- 1 veľká žltá paprika, rozpolená a zbavená semienok
- 1 stredne veľká červená cibuľa, nakrájaná na štvrtiny
- 8 cherry paradajok
- 8 veľkých listov maslového šalátu
- Omáčka z opekaných píniových orieškov (viď <u>recept</u>)
- Plátky citróna

1. Na marinádu zmiešajte v malej miske 3 lyžice olivového oleja, citrónovú šťavu, 1 lyžičku rasce, cesnak, ½ lyžičky papriky, kari, ¼ lyžičky škorice a červenú papriku. Kuracie kúsky vložte do veľkého uzatvárateľného plastového vrecka do plytkej misky. Nalejte kurča

marinádou. zapečatené vrecko; obrátiť vrecko na kabát. Marinujte v chladničke 30 minút, občas vrecko otočte.

2. Odstráňte kurča z marinády; zlikvidujte marinádu. Navlečte kurča na štyri dlhé špajle.

3. Položte cuketu, baklažán, papriku a cibuľu na plech. Pokvapkáme 2 lyžicami olivového oleja. Posypte zvyšnými ¾ lyžičky rasce, zvyšnou ½ lyžičky papriky a zvyšnou ¼ lyžičky škorice; zľahka potrieme zeleninou. Paradajky napichnite na dve špajle.

3. Pri grile na drevené uhlie alebo plynovom grile položte špízy z kuracieho mäsa a paradajok a zeleninu na gril na strednom ohni. Prikryte a grilujte, kým kurča už nie je ružové a zelenina jemne pripálená a chrumkavá, raz otočte. Počkajte 10-12 minút na kuracie mäso, 8-10 minút na zeleninu a 4 minúty na paradajky.

4. Odstráňte kurča zo špíz. Nakrájajte kurča a nakrájajte cuketu, baklažán a sladkú papriku na malé kúsky. Odstráňte paradajky zo špíz (nesekajte). Kuracie mäso a zeleninu poukladajte na tanier. Na servírovanie položte časť kuracieho mäsa a zeleniny na list šalátu; poliate omáčkou z pražených píniových orieškov. Podávame s kolieskami citróna.

PECENE KURACIE PRSIA SO SAMPINONMI, CESNAKOM MLETÝM KARFIOLOM A PECENOU SPARGLOU

ZACNITE DO KONCA: 50 minút vyrobí: 4 porcie

- 4 polovičky kuracích pŕs s hmotnosťou 10 až 12 uncí, zbavené kože
- 3 šálky malých bielych húb
- 1 šálka na tenké plátky nakrájaného póru alebo žltej cibule
- 2 šálky vývaru z kuracích kostí (viď recept) alebo kurací vývar bez pridania soli
- 1 šálka suchého bieleho vína
- 1 veľký zväzok čerstvého tymiánu
- Čierne korenie
- Biely vínny ocot (voliteľné)
- 1 hlávka karfiolu, rozdelená na ružičky
- 12 strúčikov cesnaku, olúpaných
- 2 polievkové lyžice olivového oleja
- biela alebo červená paprika
- 1 libra špargle, orezaná
- 2 lyžičky olivového oleja

1. Predhrejte rúru na 400 °F. Kuracie prsia vložte do 3-litrovej obdĺžnikovej zapekacej misky; obložené hubami a pórom. Kuracie mäso a zeleninu zalejeme vývarom z kuracích kostí a vínom. Navrch posypeme tymiánom a posypeme čiernym korením. Nádobu prikryte hliníkovou fóliou.

2. Pečte 35 až 40 minút alebo kým teplomer s okamžitým odčítaním vložený do kurčaťa nezaznamená 170 °F. Odstráňte a zlikvidujte vetvičky tymiánu. Ak chcete,

pred podávaním dochuťte tekutinu na dusenie kvapkou octu.

2. Medzitým uvarte karfiol a cesnak v dostatočnom množstve vriacej vody vo veľkom hrnci, aby boli prikryté asi 10 minút alebo kým nebudú veľmi mäkké. Karfiol a cesnak sceďte, pričom si nechajte 2 polievkové lyžice tekutiny na varenie. Vložte karfiol a odloženú tekutinu na varenie do kuchynského robota alebo veľkej mixovacej nádoby. Spracujte do hladka* alebo roztlačte mačkadlom na zemiaky; pridáme 2 lyžice olivového oleja a dochutíme bielym korením. Uchovávajte v teple, kým nebude pripravený na podávanie.

3. Špargľu poukladajte v jednej vrstve na plech. Pokvapkáme 2 lyžičkami olivového oleja a premiešame, aby sa obalil. Posypeme čiernym korením. Raz premiešajte v rúre vyhriatej na 400 °F asi 8 minút alebo do chrumkava.

4. Karfiolové pyré rozdeľte na šesť servírovacích tanierov. Navrch dáme kura, šampiňóny a pór. Pokvapkajte trochou dusenej tekutiny; podávame s pečenou špargľou.

*Poznámka: Ak používate kuchynský robot, dávajte pozor, aby ste karfiol príliš nespracovali, inak by bol príliš tenký.

SLEPAČIA POLIEVKA V THAJSKOM ŠTÝLE

PRÍPRAVA:30 minút mrazenie: 20 minút varenie: 50 minút
príprava: 4 až 6 porcií

TAMARIND JE KYSLÉ A PIŽMOVÉ OVOCIE.POUŽÍVA SA V INDICKEJ, THAJSKEJ A MEXICKEJ KUCHYNI. MNOHO KOMERČNE PRIPRAVOVANÝCH TAMARINDOVÝCH PÁST OBSAHUJE CUKOR; URČITE SI KÚP TAKÝ, KTORÝ HO NEOBSAHUJE. LISTY KAFÍROVEJ LIMETKY SÚ DOSTUPNÉ ČERSTVÉ, MRAZENÉ A SUŠENÉ NA VÄČŠINE ÁZIJSKÝCH TRHOV. AK JU NEMÔŽETE NÁJSŤ, NAHRAĎTE LISTY V TOMTO RECEPTE 1½ ČAJOVEJ LYŽIČKY JEMNE NASEKANEJ LIMETKOVEJ KÔRY.

- 2 stonky citrónovej trávy, orezané
- 2 lyžice nerafinovaného kokosového oleja
- ½ šálky nakrájané na tenké plátky
- 3 veľké strúčiky cesnaku, nakrájané na tenké plátky
- 8 šálok vývaru z kuracích kostí (viď _recept_) alebo kurací vývar bez pridania soli
- ¼ šálky tamarindovej pasty bez pridaného cukru (ako je značka Tamicon)
- 2 polievkové lyžice nori vločiek
- 3 čerstvé thajské chilli papričky nakrájané na tenké plátky s neporušenými semienkami (pozri _stopa_)
- 3 listy kafírovej limetky
- 1 3-palcový kúsok zázvoru, nakrájaný na tenké plátky
- 4 polovičky kuracích pŕs bez kože s hmotnosťou 6 uncí
- 1 14,5-uncová konzerva bez pridania soli pečená na kocky nakrájaná paradajka, neodkvapkaná

6 uncí tenkej špargle, orezanej a nakrájanej na tenké plátky diagonálne na ½-palcové kúsky

½ šálky balených listov thajskej bazalky (pozri Poznámka)

1. Pevným tlakom chrbtom noža rozdrvíme stonky citrónovej trávy. Rozdrviť pomliaždené stonky.

2. Kokosový olej zohrejte na strednom ohni v holandskej rúre. Pridajte citrónovú trávu a tekvicu; varíme 8 až 10 minút za častého miešania. Pridajte cesnak; varte a miešajte 2 až 3 minúty alebo kým nebude veľmi voňavá.

3. Pridajte vývar z kuracích kostí, tamarindovú pastu, vločky nori, čili, limetkové listy a zázvor. Priviesť do varu; znížiť teplo. Prikryjeme a na miernom ohni varíme 40 minút.

4. Medzitým zmrazte kurča na 20 až 30 minút, alebo kým nebude pevné. Kuracie mäso nakrájajte na tenké plátky.

5. Polievku precedíme cez jemné sitko do veľkého hrnca, pričom zatlačíme zadnou časťou veľkej lyžice, aby sa extrahovali chute. Pevné látky zlikvidujte. Polievku privedieme do varu. Pridajte kuracie mäso, neodkvapkané paradajky, špargľu a bazalku. Znížte teplo; dusíme odokryté 2 až 3 minúty alebo kým nie je kura upečené. Ihneď podávajte.

PEČENÉ KURA S CITRÓNOM A ŠALVIOU S ESCAROLE

PRÍPRAVA:15 minút grilovanie: 55 minút odpočinok: 5 minút príprava: 4 porcie

PLÁTKY CITRÓNA A LIST ŠALVIESEDÍ POD KOŽOU KURČAŤA, OCHUTÍ MÄSO POČAS PEČENIA A PO VYTIAHNUTÍ Z RÚRY VYTVÁRA POD CHRUMKAVOU, MATNOU KOŽOU PÚTAVÝ DIZAJN.

   4 vykostené kuracie prsia (s kožou)
   1 citrón, nakrájaný na veľmi tenké plátky
   4 veľké listy šalvie
   2 lyžičky olivového oleja
   2 čajové lyžičky stredomorského korenia (pozri<u>recept</u>)
   ½ lyžičky čierneho korenia
   2 polievkové lyžice extra panenského olivového oleja
   2 šalotky, nakrájané na plátky
   2 strúčiky cesnaku, jemne nasekané
   4 hlavičky endivie pozdĺžne rozrezané na polovicu

1. Predhrejte rúru na 400 °F. Pomocou noža veľmi opatrne uvoľnite kožu z každej polovice pŕs a nechajte ju prilepenú na jednej strane. Na mäso každého prsníka položte 2 kolieska citróna a 1 list šalvie. Jemne potiahnite kožu späť na miesto a jemným zatlačením ju zaistite.

2. Vložte kurča do plytkej pekáča. Kuracie mäso potrite 2 lyžičkami olivového oleja; posypeme stredomorským korením a ¼ lyžičky korenia. Grilujte odkryté asi 55 minút alebo kým pokožka nie je zlatá a chrumkavá a

teplomer s okamžitým odčítaním vložený do registrov kurčiat 170 °F. Pred podávaním nechajte kurča 10 minút odpočívať.

3. Medzitým vo veľkej panvici zohrejte 2 lyžice olivového oleja na strednom ohni. Pridajte šalotku; varte asi 2 minúty alebo kým nie sú priehľadné. Posypte eskarolu zvyšnou ¼ lyžičky korenia. Pridajte cesnak do panvice. Vložte escarole do panvice rezom nadol. Varte asi 5 minút alebo do zhnednutia. Opatrne otočte endivia; varte ďalšie 2 až 3 minúty alebo do mäkka. Podávame s kuracím mäsom.

KURACIE MÄSO S PAŽÍTKOU, ŽERUCHOU A REĎKOVKAMI

PRIPRAVA:20 minút pečenia: 8 minút pečenia: 30 minút príprava: 4 porcie

AJ KEĎ TO ZNIE ČUDNE VARIŤ REĎKOVKY,SÚ TU SOTVA UVARENÉ, AKURÁT TOĽKO, ABY ZJEMNILI ICH PIKANTNÉ SÚSTO A TROCHU ZJEMNILI.

- 3 lyžice olivového oleja
- 4 10- až 12-uncové vykostené polovice kuracích pŕs (s kožou)
- 1 lyžica citrónovo-bylinkového korenia (viď recept)
- ¾ šálky nakrájanej pažítky
- 6 reďkoviek, nakrájaných na tenké plátky
- ¼ lyžičky čierneho korenia
- ½ šálky suchého bieleho vermútu alebo suchého bieleho vína
- ⅓ šálky kešu krému (pozri recept)
- 1 zväzok lekien, stonky nakrájané, nahrubo nasekané
- 1 lyžica nasekaného čerstvého kôpru

1. Predhrejte rúru na 350 °F. Vo veľkej panvici zohrejte olivový olej na stredne vysokej teplote. Kurča osušte papierovou utierkou. Kuracie mäso varte kožou nadol 4 až 5 minút alebo kým koža nie je zlatá a chrumkavá. Prevrátiť kurča; varte asi 4 minúty alebo do zhnednutia. Kuracie mäso vložíme kožou nahor do plytkej zapekacej misy. Kuracie mäso posypeme citrónovo-bylinkovým korením. Pečte asi 30 minút alebo kým teplomer s okamžitým odčítaním vložený do kurčaťa nezaznamená 170 °F.

2. Medzitým vylejte z panvice všetok tuk okrem 1 lyžice; vráťte panvicu na teplo. Pridajte stonku a reďkovku; varte asi 3 minúty alebo kým stonky nezvädnú. Posypeme korením. Pridajte vermút, miešajte, aby ste zoškrabali všetky hnedé kúsky. Priviesť do varu; varíme, kým sa nezredukuje a mierne zhustne. Pridajte kešu krém; priviesť do varu. Odstráňte panvicu z tepla; pridajte žeruchu a kôpor, jemne miešajte, kým žerucha nezvädne. Pridajte kuraciu šťavu, ktorá sa nazbierala v pekáči.

3. Rozdeľte zmes stoniek medzi štyri servírovacie taniere; Navrch dáme kura.

KURACIE TIKKA MASALA

PRÍPRAVA: 30 minút Marinovanie: 4 až 6 hodín Varenie: 15 minút Grilovanie: 8 minút Príprava: 4 porcie

JE INŠPIROVANÝ VEĽMI OBĽÚBENÝM INDICKÝM JEDLOM, KTORÝ MOŽNO VÔBEC NEVZNIKOL V INDII, ALE V INDICKEJ REŠTAURÁCII V SPOJENOM KRÁĽOVSTVE. TRADIČNÁ KURACIA TIKKA MASALA ZAHŔŇA MARINOVANIE KURČAŤA V JOGURTE A NÁSLEDNÉ VARENIE V PIKANTNEJ PARADAJKOVEJ OMÁČKE POLIATEJ SMOTANOU. BEZ MLIEČNYCH VÝROBKOV, KTORÉ BY OMÁMILI CHUŤ OMÁČKY, TÁTO VERZIA CHUTÍ OBZVLÁŠŤ ČISTO. NAMIESTO RYŽE SA PODÁVA NA CHRUMKAVÝCH CUKETOVÝCH REZANCOCH.

- 1½ libry vykostených kuracích stehien bez kože alebo polovice kuracích pŕs
- ¾ šálky obyčajného kokosového mlieka (napríklad Nature's Way)
- 6 strúčikov cesnaku, jemne nasekaných
- 1 lyžica strúhaného čerstvého zázvoru
- 1 lyžička mletého koriandra
- 1 lyžička papriky
- 1 lyžička mletého kmínu
- ¼ lyžičky mletého kardamónu
- 4 lyžice rafinovaného kokosového oleja
- 1 šálka nakrájanej mrkvy
- 1 zeler nakrájaný na tenké plátky
- ½ šálky nakrájanej cibule
- 2 čili papričky jalapeño alebo serrano, zbavené kôstok (ak je to potrebné) a nakrájané nadrobno (pozri stopa)

1 14,5-uncová konzerva bez pridania soli pečená na kocky nakrájaná paradajka, neodkvapkaná

1 8-uncová paradajková omáčka bez pridania soli

1 lyžička garam masala bez pridania soli

3 stredné cukety

½ lyžičky čierneho korenia

čerstvé listy koriandra

1. Ak používate kuracie stehná, každé stehno nakrájajte na tretiny. Ak používate polovice kuracích pŕs, nakrájajte každú polovicu pŕs na 2-palcové kúsky a hrubé časti rozrežte vodorovne na polovicu, aby ste ich zriedili. Vložte kurča do veľkého uzatvárateľného plastového vrecka; odložiť. Na marinádu zmiešajte v malej miske ½ šálky kokosového mlieka, cesnak, zázvor, koriander, papriku, rascu a kardamóm. Vrecované kura polejeme marinádou. Uzatvorte vrecko a otočte kurča na obaľovanie. Vložte vrecko do strednej misky; marinujeme v chladničke 4 až 6 hodín, pričom vrecko občas otočíme.

2. Predhrejte gril. Vo veľkej panvici zohrejte 2 polievkové lyžice kokosového oleja na strednom ohni. Pridajte mrkvu, zeler a cibuľu; varte 6 až 8 minút, alebo kým zelenina nezmäkne, za občasného miešania. Pridajte jalapeňos; varíme a miešame ešte 1 minútu. Pridáme nescedené paradajky a paradajkovú omáčku. Priviesť do varu; znížiť teplo. Odkryté dusíme asi 5 minút alebo kým omáčka mierne nezhustne.

3. Kuracie mäso sceďte, marinádu zlikvidujte. Kuracie kúsky poukladajte v jednej vrstve na nevyhrievaný rošt na pekáči. Grilujte 5 až 6 palcov z tepla po dobu 8 až 10

minút, alebo kým kurča prestane byť ružové, a potom ho otočte uprostred pečenia. Pridajte uvarené kuracie kúsky a zvyšnú ¼ šálky kokosového mlieka do paradajkovej zmesi na panvici. Varte 1 až 2 minúty alebo kým sa neprehreje. Vypadni z ohňa; pridajte garam masalu.

4. Konce cukety odrežeme. Pomocou vykrajovača julienne nakrájajte cuketu na dlhé tenké pásiky. Zohrejte zvyšné 2 polievkové lyžice kokosového oleja v extra veľkej panvici na stredne vysokej teplote. Pridáme pásiky cukety a čierne korenie. Varte a miešajte 2 až 3 minúty alebo kým nie je cuketa chrumkavá.

5. Pri podávaní rozdeľte cuketu na štyri servírovacie taniere. Navrch dáme kuraciu zmes. Ozdobte lístkami koriandra.

RAS EL HANOUT KURACIE STEHNA

PRÍPRAVA: 20 minút varenie: 40 minút príprava: 4 porcie

RAS EL HANOUT JE LETOVISKOA EXOTICKA ZMES MAROCKÝCH KORENIN. FRAZA ZNAMENA V ARABCINE „VEDUCI OBCHODU", CO ZNAMENA, ZE IDE O JEDINECNU ZMES TOHO NAJLEPSIEHO KORENIA, KTORE PONUKA PREDAJCA KORENIA. NEEXISTUJE STANOVENÝ RECEPT NA RAS EL HANOUT, ALE CASTO OBSAHUJE ZMES ZAZVORU, ANIZU, SKORICE, MUSKATOVEHO ORIESKA, KORENIA, KLINCEKOV, KARDAMONU, SUSENÝCH KVETOV (NAPRIKLAD LEVANDULE A RUZE), CIERNEJ NIGELY, MUSKATU, GALANGALU A KURKUMY.

..

- 1 lyžica mletého kmínu
- 2 lyžičky mletého zázvoru
- 1½ lyžičky čierneho korenia
- 1½ lyžičky mletej škorice
- 1 lyžička mletého koriandra
- 1 lyžička kajenského korenia
- 1 lyžička mletého nového korenia
- ½ lyžičky mletých klinčekov
- ¼ lyžičky mletého muškátového orieška
- 1 lyžička šafranových nití (voliteľné)
- 4 lyžice nerafinovaného kokosového oleja
- 8 vykostených kuracích stehien
- 1 8-uncový balíček čerstvých húb, nakrájaných na plátky
- 1 šálka nakrájanej cibule
- 1 šálka nakrájanej červenej, žltej alebo zelenej papriky (1 veľká)

4 rómske paradajky zbavené jadierok, odkôstkované a nakrájané

4 strúčiky cesnaku, jemne nasekané

2 13,5-uncové plechovky čistého kokosového mlieka (napríklad Nature's Way)

3 až 4 polievkové lyžice čerstvej citrónovej šťavy

¼ šálky jemne nasekaného čerstvého koriandra

1. Na ras el hanout v strednej mažiari alebo v malej miske zmiešajte rascu, zázvor, čierne korenie, škoricu, koriander, kajenské korenie, nové korenie, klinčeky, muškátový oriešok a ak chcete, šafran. Rozdrvte v mažiari alebo premiešajte lyžičkou, aby sa dobre premiešalo. Odložte bokom.

2. Zohrejte 2 polievkové lyžice kokosového oleja na strednom ohni v extra veľkej panvici. Kuracie stehná posypeme 1 polievkovou lyžicou ras el hanout. Pridajte kuracie mäso na panvicu; varte 5 až 6 minút alebo do zhnednutia a v polovici varenia raz otočte. Odstráňte kurča z panvice; udržovať v teple

3. Zvyšné 2 lyžice kokosového oleja zohrejte v tej istej panvici na strednom ohni. Pridajte huby, cibuľu, papriku, paradajky a cesnak. Varte a miešajte asi 5 minút alebo kým zelenina nezmäkne. Pridajte kokosové mlieko, limetkovú šťavu a 1 polievkovú lyžicu ras el hanout. Vráťte kurča do panvice. Priviesť do varu; znížiť teplo. Dusíme prikryté asi 30 minút alebo kým kurča nezmäkne (175 °F).

4. Podávajte kuracie mäso, zeleninu a omáčku v miskách. Ozdobte koriandrom.

Poznámka: Zvyšky Ras el Hanout skladujte v zakrytej nádobe až 1 mesiac.

MARINOVANÉ KURACIE STEHNÁ S KARAMBOLOU NA DUSENOM ŠPENÁTE

PRÍPRAVA: 40 minút Marinovanie: 4 až 8 hodín Varenie: 45 minút Pripravte: 4 porcie

AK JE TO POTREBNÉ, KURČA OSUŠTE. PAPIEROVOU UTIERKOU PO VYTIAHNUTÍ Z MARINÁDY PRED OPEČENÍM NA PANVICI. AKÁKOĽVEK TEKUTINA, KTORÁ ZOSTANE V MÄSE, VYŠPLECHNE DO HORÚCEHO OLEJA.

- 8 vykostených kuracích stehien (1½ až 2 libry), odstránená koža
- ¾ šálky bieleho octu alebo
- ¾ šálky čerstvej pomarančovej šťavy
- ½ šálky vody
- ¼ šálky nakrájanej cibule
- ¼ šálky nasekaného čerstvého koriandra
- 4 strúčiky cesnaku, jemne nasekané
- ½ lyžičky čierneho korenia
- 1 lyžica olivového oleja
- 1 karambola (karambola), nakrájaná na plátky
- 1 šálka vývaru z kuracích kostí (viď<u>recept</u>) alebo kurací vývar bez pridania soli
- 2 9-uncové balíčky čerstvých špenátových listov
- čerstvé listy koriandra (voliteľné)

1. Vložte kurča do nerezovej alebo smaltovanej holandskej rúry; odložiť. V strednej miske zmiešajte ocot, pomarančový džús, vodu, cibuľu, ¼ šálky nasekaného

koriandra, cesnaku a korenia; naliať na kura. Zakryte a marinujte v chladničke 4 až 8 hodín.

2. Kuraciu zmes varte v holandskej rúre na stredne vysokej teplote; znížiť teplo. Prikryte a dusíme 35 až 40 minút, alebo kým kura už nie je ružové (175 °F).

3. Olej zohrejte na stredne vysokej teplote v extra veľkej panvici. Pomocou klieští vyberte kurča z holandskej rúry, jemne zatraste, aby odkvapkala tekutina na varenie; Zarezervujte si tekutinu na varenie. Opečte kurča zo všetkých strán a často ho otáčajte, kým nezhnedne.

4. Medzitým preceďte varnú tekutinu na omáčku; vrátiť do holandskej rúry. Priviesť do varu. Varte asi 4 minúty, aby sa zredukovalo a mierne zhustlo; pridajte karambolu; varte ešte 1 minútu. Vráťte kurča do omáčky v holandskej rúre. Uchovávajte mimo dosahu tepla; prikryte, aby ste zostali v teple.

5. Vyčistite panvicu. Nalejte vývar z kuracích kostí do panvice. Priveďte do varu na stredne vysokej teplote; pridáme špenát. Znížte teplo; za stáleho miešania dusíme 1 až 2 minúty alebo kým špenát nezvädne. Pomocou dierovanej lyžice preneste špenát na servírovací tanier. Navrch dáme kuracie mäso a omáčku. Ak chcete, posypte koriandrovými listami.

KURACIE POBLANO TACOS S KAPUSTOU A CHIPOTLE MAYO

PRÍPRAVA:25 minút pečenia: 40 minút príprava: 4 porcie

PODÁVAJTE TIETO CHAOTICKÉ, ALE CHUTNÉ TACOSPOMOCOU VIDLIČKY NABERTE VŠETKU PLNKU, KTORÁ PRI JEDLE SPADNE Z KAPUSTNÉHO LISTU.

- 1 lyžica olivového oleja
- 2 poblano chilli papričky, vykôstkované (ak je to potrebné) a nakrájané (pozri stopa)
- ½ šálky nakrájanej cibule
- 3 strúčiky cesnaku nakrájané nadrobno
- 1 polievková lyžica nesoleného čili prášku
- 2 lyžičky mletého kmínu
- ½ lyžičky čierneho korenia
- 1 8-uncová paradajková omáčka bez pridania soli
- ¾ šálky vývaru z kuracích kostí (pozri recept) alebo kurací vývar bez pridania soli
- 1 lyžička sušeného mexického oregana, nasekané
- 1 až 1½ libry vykostené kuracie stehná bez kože
- 10 až 12 stredných až veľkých listov kapusty
- Chipotle Paleo Mayo (pozri recept)

1. Predhrejte rúru na 350 °F. Olej zohrejte na stredne vysokej teplote vo veľkej panvici odolnej voči rúre. Pridajte poblano papriku, cibuľu a cesnak; varíme a miešame 2 minúty. Pridajte čili prášok, rascu a čierne korenie; varte a miešajte ešte 1 minútu (v prípade potreby znížte teplotu, aby sa korenie nepripálilo).

2. Pridajte paradajkovú omáčku, vývar z kuracích kostí a oregano na panvicu. Priviesť do varu. Kuracie stehná opatrne vložíme do paradajkovej zmesi. Zakryte panvicu pokrievkou. Pečte asi 40 minút, alebo kým kurča nezmäkne (175 °F), v polovici ho otočte.

3. Vyberte kurča z panvice; trochu vychladnúť. Pomocou dvoch vidličiek nakrájajte kurča na malé kúsky. Nastrúhané kuracie mäso vmiešame do paradajkovej zmesi na panvici.

4. Na servírovanie nalejte kuraciu zmes na obojok; Navrch dáme Chipotle Paleo Mayo.

KURACÍ GULÁŠ S BABY MRKVOU A BOK CHOY

PRÍPRAVA:15 minút varenie: 24 minút odpočinok: 2 minúty
príprava: 4 porcie

BABY BOK CHOY JE VEĽMI JEMNÝA DÁ SA VEĽMI RÝCHLO ŽÍHAŤ. ABY ZOSTALA CHRUMKAVÁ A SVIEŽA, NIE ZVÄDNUTÁ ALEBO ROZMOČENÁ, PRED PODÁVANÍM GULÁŠA SA UISTITE, ŽE SA DUSÍ V ZAKRYTOM HORÚCOM HRNCI (MIMO TEPLA) NIE DLHŠIE AKO 2 MINÚTY.

- 2 polievkové lyžice olivového oleja
- 1 pór nakrájaný na plátky (biela a svetlozelená časť)
- 4 šálky vývaru z kuracích kostí (viď recept) alebo kurací vývar bez pridania soli
- 1 šálka suchého bieleho vína
- 1 lyžica dijonskej horčice (viď recept)
- ½ lyžičky čierneho korenia
- 1 vetvička čerstvého tymiánu
- 1¼ libry vykostené kuracie stehná bez kože, nakrájané na 1-palcové kúsky
- 8 uncí baby mrkvy s vrchmi, umyté, orezané a pozdĺžne rozpolené, alebo 2 stredné mrkvy, nakrájané na plátky
- 2 čajové lyžičky jemne nasekanej citrónovej kôry (rezerva)
- 1 polievková lyžica čerstvej citrónovej šťavy
- 2 hlavy baby bok choy
- ½ lyžičky nasekaného čerstvého tymiánu

1. Zahrejte 1 lyžicu olivového oleja vo veľkom hrnci na strednom ohni. Pór varte na rozpálenom oleji 3 až 4 minúty alebo do zmäknutia. Pridajte vývar z kuracích kostí, víno, dijonskú horčicu, ¼ lyžičky korenia a

vetvičku tymiánu. Priviesť do varu; znížiť teplo. Varte 10 až 12 minút alebo kým sa tekutina nezredukuje asi o jednu tretinu. Vyhoďte vetvičky tymiánu.

2. Medzitým v holandskej rúre zohrejte zvyšnú lyžicu olivového oleja na stredne vysokej teplote. Posypte kurča zvyšnou ¼ lyžičky korenia. Za občasného miešania varte na horúcom oleji asi 3 minúty alebo do zhnednutia. V prípade potreby vypustite tuk. Opatrne pridajte zredukovanú omáčkovú zmes do hrnca a zoškrabte všetky hnedé kúsky; pridajte mrkvu. Priviesť do varu; znížiť teplo. Dusíme odkryté 8 až 10 minút alebo kým mrkva nezmäkne. Pridajte citrónovú šťavu. Rozrežte bok choy pozdĺžne na polovicu. (Ak sú hlavy bok choy veľké, nakrájajte ich na štvrtiny.) Položte bok choy na kurča v hrnci. Zakryte a odstráňte z tepla; necháme 2 minúty postáť.

3. Guláš podávame v plytkých miskách. Posypeme citrónovou kôrou a nakrájaným tymianom.

KURACIE RESTY S KESU, POMARANCOM A SLADKOU PAPRIKOU V SALATOVÝCH OBALOCH

ZACNITE DO KONCA: Pred 45 minútami: 4 až 6 porcií

NAJDETE DVA DRUHYKOKOSOVÝ OLEJ V REGALOCH, RAFINOVANÝ A EXTRA CISTÝ, ALEBO NERAFINOVANÝ. AKO UZ NAZOV NAPOVEDA, EXTRA PANENSKÝ KOKOSOVÝ OLEJ POCHADZA Z PRVEHO LISOVANIA CERSTVEHO SUROVEHO KOKOSU. TOTO JE VZDY NAJLEPSIA MOZNOST PRI VARENI NA STREDNE VYSOKEJ AZ STREDNE VYSOKEJ TEPLOTE. RAFINOVANÝ KOKOSOVÝ OLEJ MA VYSSI BOD ZADYMENIA, PRETO HO POUZIVAJTE LEN PRI VARENI NA VYSOKEJ TEPLOTE.

- 1 lyžica rafinovaného kokosového oleja
- 1½ až 2 libry vykostené kuracie stehná bez kože, nakrájané na tenké prúžky veľkosti sústa
- 3 červené, oranžové a/alebo žlté papriky, odstopkované, s jadierkami a nakrájané na tenké prúžky
- 1 červená cibuľa, pozdĺžne rozpolená a nakrájaná na tenké plátky
- 1 lyžička nadrobno nasekanej pomarančovej kôry (rezerva)
- ½ šálky čerstvej pomarančovej šťavy
- 1 lyžica nasekaného čerstvého zázvoru
- 3 strúčiky cesnaku nakrájané nadrobno
- 1 šálka surových nesolených kešu oriešok, opečených a nahrubo nasekaných (pozri stopa)
- ½ šálky nakrájanej zelenej cibule (4)
- 8 až 10 listov masla alebo ľadového šalátu

1. Zahrejte kokosový olej na vysokej teplote vo woku alebo veľkej panvici. Pridajte kuracie mäso; varíme a miešame 2 minúty. Pridajte papriku a cibuľu; varte a miešajte 2 až 3 minúty alebo kým zelenina nezačne mäknúť. Odstráňte kuracie mäso a zeleninu z woku; udržovať v teple

2. Utrite wok papierovou utierkou. Pridajte pomarančovú šťavu do woku. Varíme asi 3 minúty alebo kým šťava nevyvarí a mierne zredukujeme. Pridajte zázvor a cesnak. Varte a miešajte 1 minútu. Zmes kura a papriky vráťte do woku. Pridajte pomarančovú kôru, kešu a pažítku. Podávame restované na listoch šalátu.

VIETNAMSKÉ KURA S KOKOSOM A CITRÓNOVOU TRÁVOU

ZAČNITE DO KONCA: 30 minút vyrobí: 4 porcie

TOTO RÝCHLE KOKOSOVÉ KARI MÔŽE BYŤ NA STOLE DO 30 MINÚT OD ČASU OBČERSTVENIA, ČO Z NEHO ROBÍ IDEÁLNE JEDLO NA RUŠNÝ TÝŽDEŇ.

- 1 polievková lyžica nerafinovaného kokosového oleja
- 4 stonky citrónovej trávy (iba svetlé časti)
- 1 3,2-uncové balenie hlivy ustricovej, nasekané
- 1 veľká cibuľa, nakrájaná na tenké plátky, krúžky na polovicu
- 1 čerstvé jalapeno, zbavené kôstok a nakrájané nadrobno (pozri stopa)
- 2 lyžice nasekaného čerstvého zázvoru
- 3 strúčiky cesnaku nakrájané nadrobno
- 1½ libry vykostené kuracie stehná bez kože, nakrájané na tenké plátky a na kúsky
- ½ šálky obyčajného kokosového mlieka (napríklad Nature's Way)
- ½ šálky vývaru z kuracích kostí (pozri recept) alebo kurací vývar bez pridania soli
- 1 polievková lyžica nesoleného červeného kari
- ½ lyžičky čierneho korenia
- ½ šálky nasekaných lístkov čerstvej bazalky
- 2 lyžice čerstvej citrónovej šťavy
- Nesladený strúhaný kokos (voliteľné)

1. Na mimoriadne veľkej panvici zohrejte kokosový olej na strednom ohni. Pridajte citrónovú trávu; varíme a miešame 1 minútu. Pridajte huby, cibuľu, jalapeno,

zázvor a cesnak; varíme a miešame 2 minúty alebo kým cibuľa nezmäkne. Pridajte kuracie mäso; varte asi 3 minúty alebo kým nebude kura uvarené.

2. V malej miske zmiešajte kokosové mlieko, vývar z kuracích kostí, kari a čierne korenie. Pridajte do kuracej zmesi na panvici; varte 1 minútu alebo kým tekutina mierne nezhustne. Uchovávajte mimo dosahu tepla; pridajte čerstvú bazalku a citrónovú šťavu. Ak chcete, posypte porcie kokosom.

www.ingramcontent.com/pod-product-compliance
Lightning Source LLC
LaVergne TN
LVHW021708060526
838200LV00050B/2553